Rocco Kirch

Homöopathie

Rocco Kirch

Homöopathie

Einblick und Einstieg in das homöopathische Denken und Handeln

Bloggingbooks

Impressum / Imprint
Bibliografische Information der Deutschen Nationalbibliothek: Die Deutsche Nationalbibliothek verzeichnet diese Publikation in der Deutschen Nationalbibliografie; detaillierte bibliografische Daten sind im Internet über http://dnb.d-nb.de abrufbar.

Bibliographic information published by the Deutsche Nationalbibliothek: The Deutsche Nationalbibliothek lists this publication in the Deutsche Nationalbibliografie; detailed bibliographic data are available in the Internet at http://dnb.d-nb.de.

Coverbild / Cover image: www.ingimage.com

Verlag / Publisher:
Bloggingbooks
ist ein Imprint der / is a trademark of
AV Akademikerverlag GmbH & Co. KG
Heinrich-Böcking-Str. 6-8, 66121 Saarbrücken, Deutschland / Germany
Email: info@bloggingbooks.de

Herstellung: siehe letzte Seite /
Printed at: see last page
ISBN: 978-3-8417-7069-1

Dieses Buch widme ich in Dankbarkeit meinen Patienten und Ravi Roy

DHMS Dr. Ravi Roy über Rocco Kirch:

"...über die Jahre entwickelte sich eine tiefe und fruchtbare Freundschaft zwischen uns. Rocco Kirch übt die Homöopathie im Sinne Hahnemann´s treu auf der Basis der kosmischen Gesetze aus, und vermag in diesem Sinne wahrhaft darzustellen und zu lehren..."

Hinweis

Die in den einzelnen Texten vorgestellten Informationen oder Behandlungshinweise sind nach besten Wissen und Gewissen geprüft, erheben dennoch keinen Anspruch auf Vollständigkeit. Der Gebrauch der Informationen und Behandlungshinweise geschieht in eigener Verantwortung, und setzt die Einhaltung der homöopathischen Gesetzmäßigkeiten voraus.

Insofern übernehme ich keinerlei Haftung für Schäden irgendwelcher Art, die sich direkt oder indirekt aus dem Gebrauch der gemachten Informationen oder Behandlungshinweise ergeben. Bei Unsicher- oder Unklarheiten über Diagnosen, Prognosen oder Vorgehensweisen, oder bei schwerwiegenden gesundheitlichen Störungen ist immer ein erfahrener homöopathischer Arzt oder Heilpraktiker zu konsultieren.

Hp Rocco Kirch

Dernburgstraße 2

14057 Berlin

030 – 694 016 90

www.rocco-kirch.de

praxis@rocco-kirch.de

Inhaltsverzeichnis

Was ist Homöopathie?

Homöopathie ist eine Heilkunst, ein in sich geschlossenes Heilsystem. Anders als sonstige Heilmethoden öffnet sie sich den höheren Ebenen des menschlichen Daseins auf wissenschaftlichem Wege, gemäß des von Samuel Hahnemann 1796 wiederentdeckten und von ihm formulierten Heilungsgesetz: „similia similibus curantur" (Ähnliches wird durch Ähnliches geheilt). Dabei wird von der Hierarchie der Ebenen Geist, Psyche und Körper ausgegangen. Krankheit oder Störung des relativen Wohlbefindens (Eutonie) bestehen nicht an sich, sondern sind Ausdruck des verstimmten Lebensprinzips (Lebenskraft oder Dynamisis) im Menschen (ggflls. auch Tier oder Pflanze). Das, was gemein hin als krank beschrieben wird, ist also nichts anderes als die Reaktion des betreffenden Organismus auf eine, wie auch immer geartete Störung (geistig, seelisch oder körperlich) der Lebenskraft. Dies gilt für akute, sowohl als auch für chronische „Krankheiten", wie für geistige oder seelische Störungen, aber auch für sogenannte Un- oder Zufälle. Auch sind „Erreger" wie Pilze, Bakterien, Viren oder Parasiten nicht, wie von der „Schulmedizin" angenommen, ursächlich für Krankheiten, sondern lediglich Bedingung oder begleitender Umstand. Sie brauchen ein entsprechendes Terrain, eine geschwächte oder gestörte Lebenskraft, um im Wirtsorganismus Fuß fassen zu können. Krankheit oder Störung des Befindens sind folglich ein „Bild" des gestörten Lebensprinzips. Dieses „Bild" zu erkennen, setzt eine tiefe Erforschung und Erfahrung mit allen Ebenen der menschlichen Existenz voraus. Eine Korrektur des gestörten Lebensprinzips ist somit nicht durch Beeinflussung seiner Äußerung möglich, sondern nur in der Resonanz durch Ähnlichkeit. - Nicht durch Unterdrücken oder Verschieben der Symptome bzw. des Ausdrucks der inneren Störung, wie in der „Schulmedizin" üblich (contraria contraries curantur, Gegensätzliches heilt Gegensätzliches). So erforschte Hahnemann ebenso die Wirkung der Arzneien in allen Seins-Aspekten, entwickelte quasi „Bilder" der Arzneimittel durch Prüfung am „durchschnittlich gesunden Menschen".

Nur das „Bild“ einer Arznei, welches dem jeweiligem „Bild“ eines kranken Menschen ähnlich ist, vermag diesen, durch Aktivierung seiner Selbstheilungskräfte, zu heilen. Mit Homöopathie werden also keine Krankheiten behandelt, sondern kranke Menschen (Tiere / Pflanzen). Homöopathische Arzneien sind „stofflos“, haben also keine schädigenden Nebenwirkungen. – Symptome werden nicht unterdrückt oder verschoben, sondern von innen heraus geheilt. – Die Integrität und Individualität des Patienten bleibt gewahrt. Das wissenschaftliche Erforschen und Erfahren, was den Lebensfluß des Menschen als Ganzen fördern und ihn stören kann, hat uns Samuel Hahnemann, der Begründer der Homöopathie, als heilsames Vermächtnis geschenkt. Dieses Vermächtnis fußt auf dem Vertrauen in die Gesetzmäßigkeiten des Lebens, welches man Liebe nennt. Diese Liebe äußert sich im Prinzip des Sanftmuts.

Ravi Roy im Gespräch mit Rocco Kirch

Heilung durch Bewusst-Werden

Ravi Roy, indischer Arzt, ist einer der bekanntesten, aber auch umstrittensten Homöopathen im deutschsprachigem Raum. Seit 30 Jahren lebt er in Deutschland, in Murnau am Staffelsee, ist verheiratet mit Carola Lage - Roy und Vater dreier Söhne, lehrt und forscht auf dem Spuren Hahnemanns. Rocco Kirch besuchte Ravi Roy und seine Familie in ihrem Haus und unterhielt sich mit ihm über Kranksein und Heilung im homöopathischen Sinne.

Kirch: Herr Roy, Sie sind einer der bekanntesten Homöopathen im deutschsprachigem Raum. Wie sind Sie dazu gekommen, sich in Deutschland niederzulassen und hier zu arbeiten?

Roy: 1974 nahm ich mir vor, aus allen mir damals zugänglichen Quellen das Repertorium zu ergänzen. Nachdem ich bereits eine Weile intensiv daran gearbeitet hatte, erkannte ich, dass schon allein durch das Nachtragen aus den mir zur Verfügung stehenden engl.-sprachigen Quellen ein mehrbändiges Repertorium entstehen würde. Da dachte ich mir, ich studiere gleich die Quellen in französischer, spanischer und deutscher Sprache, um auch diese mit einzubeziehen. Also begann ich 1975 die deutsche Sprache zu lernen, ein Jahr später auch Französisch und Spanisch. Im gleichen Jahr nahm ich Kontakt zu Karl Lachowski auf, und der lud mich nach Deutschland ein. Ende 1976 kam ich erstmals für 10 Monate nach Deutschland. Bald begannen Karl und ich das Buch "Elemente der Homöopathie" zu schreiben. Es blieb zunächst unvollendet, da ich nach Indien zurück musste. 1979 kam ich wieder nach Deutschland, um mit Karl das Buch zu vollenden. Karl hatte quasi für mich den Boden in Deutschland bereitet, viele Menschen für mich und meine Arbeit interessiert. Schon bald leitete ich einmal wöchentlich abends eine homöopathische Arbeitsgruppe. Während dieser Zeit lernte ich dann auch meine Frau Carola kennen. Ich blieb also in Deutschland.

Langsam wuchsen die damaligen Homöopathieabende zu meinem heutigem umfassenden Kurs- und Forschungsangebot.

Kirch: Wie verstehen Sie die Homöopathie Hahnemanns?

Roy: Ich verstehe sie als eine Heilswissenschaft, die es wagt, alle möglichen Krankheiten in ihrem Grund zu heilen.

Kirch: Sind Sie da der gleichen Meinung wie Hahnemann? Ist nicht Ihr Begriff dieser Heilswissenschaft erweitert?

Roy: Für Hahnemann war das höchste Ziel die Heilung des Kranken, und er beschäftigte sich nicht weiter mit den grundlegenden Ursachen der Krankheit. Er hörte dort auf, wo er sagte: "...die Lebenskraft ist krank, und diese muss mit Hilfe des Ähnlichkeitsprinzips befreit werden."

Meine Auffassung von Krankheit entspringt der Geisteswissenschaft, die besagt, dass die Lebenskraft als solche nicht erkranken kann, sondern lediglich in ihrer Arbeit behindert wird. Der Effekt dabei könnte folgendermaßen verstanden werden: wenn Strom durch einen Widerstandsregler fließt, dann bestimmt der Widerstand die Menge der durchfließenden Elektrizität. Der Mensch ist aber wesentlich komplexer als ein Widerstandsregler und hat die verschiedensten Arten und Möglichkeiten von Widerstand. Insofern ist der Widerstand der Grund für die Krankheit.

Kirch: Sie sagen "Grund" für die Krankheit. Ist dieser Grund identisch mit der "Ursache" einer Krankheit?

Roy: Nein. Grund und Ursache können niemals identisch sein. Z.B. ein Wasserrohr platzt. Dann ist die Ursache ein zu hoher Wasserdruck in der Rohrleitung, und der Grund liegt in einer Schwäche der Rohrwandung an dieser Stelle. Bei Krankheiten sind die negativen bzw. destruktiven Emotionen die Ursachen, und die Gründe liegen in den Widerständen der Menschen, diese destruktiven Emotionen zu verwandeln.

Kirch: Herr Roy, Sie gelten als ein "LM-Potenzler". Was hat Sie zu den LM-Potenzen gebracht?

Roy: Ein echter Wissenschaftler und genialer Mensch bleibt bis ins hohe Alter geistig frisch. Die LM-Potenzen sind die Entwicklung Hahnemanns in seinem letzten und fruchtbarsten Lebensjahrzehnt. Sie stellen eine konsequente Weiterentwicklung seiner Vorgehensweise dar. Er selber sagte dazu, dass er die Menschen schneller, und ohne die berühmten Verschlimmerungen heilen wollte. Dieses Vorhaben gelang ihm durch die Entwicklung der LM-Potenzen. Ich arbeitete selber jahrelang mit C-Potenzen, auch mit den höchsten, und genauso lang mit LM-Potenzen. Dabei fand ich Hahnemanns Aussage zu den LM-Potenzen voll bestätigt.

Kirch: Aber in Ihrem Buch "Selbstheilung durch Homöopathie" empfehlen Sie doch immer mittlere C-Potenzen?

Roy: Aus zwei Gründen: 1. sind dort akute Fälle beschrieben. Dabei können C-Potenzen genauso gut wie LM-Potenzen wiederholt werden, ohne dass dadurch immer Verschlimmerungen eintreten. 2. ist die richtige Handhabung von LM-Potenzen meines Erachtens noch zu unbekannt, besonders für interessierte Laien, aber auch für viele Homöopathen zu schwierig.

Kirch: Sie sagten einmal, dass Heilung nur durch "Bewusst-Werden" möglich ist. Was meinen Sie mit "Bewusst-Werden"?

Roy: Dies kann in vielerlei Hinsicht betrachtet werden. Wir sprechen von "Bewusst-Werden", wenn unsere uns bekannten Schwächen in Zusammenhang mit realen Lebensproblemen gesehen werden können. Dann sind wir fähig, diese Schwächen ernsthaft zu bearbeiten. Auch können wir dann von Bewusst-Werden reden, wenn uns plötzlich eine vergangene Begebenheit einfällt, welche ein Verhaltensmuster in uns erklärt. Oder aber, wir werden uns einfach über ein Verhaltensmuster bewusst, und lassen es dabei bewenden.

Ein Beispiel dazu: eine bestimmte Person wird immer dann, wenn sie aus einem Kreis von Menschen weggehen will, in eine heiße Diskussion verwickelt. Diese kann oft stundenlang ausufern und ist mit großen Frustrationen verbunden. Die betreffende Person erkennt plötzlich dieses Muster, verspürt aber kein Verlangen es zu ändern. Die schmerzhaftesten Erkenntnisse haben wir dann, wenn tief unbewusste, oder verdrängte Inhalte ins Licht des Bewusstseins treten.

Kirch: Das heißt also, dass es verschiedene Möglichkeiten gibt bewusst zu werden: unvermittelt, durch Lebensereignisse, Initiation, Psychotherapie, Homöopathie usw. Was macht denn den besonderen Wert der Homöopathie dabei aus?

Roy: Dieser besondere Wert liegt in der Möglichkeit der passenden homöopathischen Arznei, in uns Türen zu bestimmten Ebenen zu eröffnen. Die homöopathische Arznei wirkt auf der geistigen Ebene des Menschen begleitend und unterstützend. Höhere Potenzen ermöglichen dies in besonderer Weise. Die Person des Homöopathen spielt selbstverständlich dabei auch eine wichtige Rolle. Ein verantwortungsvoller Behandler gibt durch die Arzneimittelgabe sein Einverständnis, dem Patienten in, durch das Mittel ausgelösten, schwierigen Momenten beizustehen. Wenn Bewusst-Werden sich in anderer Weise vollzieht, ist es nicht selbstverständlich, dass eine weitere Begleitung des betreffenden Menschen stattfindet. Um dies deutlicher zu machen: die eingenommene Arznei ist, solange sie im Patienten wirkt, anwesend, der Psychotherapeut zum Beispiel, nur während der Sitzung. Ohne spezifische Hilfe kann der Patient alleine, da kein Behandler permanent da ist, solch schwierige Situationen nicht immer durchstehen. Insofern ist die homöopathische Arznei als "verlängerter Arm" des Therapeuten zu verstehen.

Kirch: Es ist doch nicht unwichtig, welche “Türe” durch die homöopathische Behandlung “geöffnet” wird. Nicht zu jeder Zeit ist es möglich oder nützlich für den Patienten, unbewusste Inhalte, oder Muster in sein Bewusstsein zu befördern.

Welche Möglichkeiten halten Sie für besonders angezeigt in der homöopathischen Anamnese herauszufinden: wo der Patient gerade steht, was er gegebenenfalls an Bewusst-Werden braucht und wie viel er zurzeit tragen kann?

Roy: Wo er gerade steht und was er braucht sagt uns der Patient selber, wenn wir ihn nur sprechen lassen. Die geistigen Gesetzmäßigkeiten sorgen dafür, dass der Mensch sein Anliegen zur Sprache bringt, wenn wir ihm als Behandler die Möglichkeit dazu geben. Der Patient wird zwangsläufig zu seinem momentanen Thema kommen, vorausgesetzt wir verwenden kein Abfrageschema, sondern achten sensibel darauf, wo der Patient hin will. Dennoch bedarf dies einer genauen Führung des Patienten durch uns als Behandler. Wir halten den Patienten auf seiner angefangenen “Spur”, und lassen uns durch nichts ablenken, bis zum Ende.

In dieser “Spur” finden wir die Richtlinien für die Frage: wo steht er und was braucht er an Bewusst-Werden? In der Art und Weise wie der Patient sich schildert, bekommen wir die Hinweise darauf, wie viel er zu tragen vermag und bereit ist. Hat er z. B. sehr offen über alles geredet, so ist anzunehmen, dass er relativ viel tragen kann.

Kirch: Allgemein wird immer behauptet, dass z. B. Kaffee, Kräutertee und viele andere Dinge die homöopathische Kur stören, wenn nicht gar verhindern. Doch viele Menschen können und wollen auf diese Dinge nicht unbedingt verzichten. Sind sie dann für die Homöopathie verloren?

Roy: Kein Mensch ist für die Homöopathie verloren, wenn er gewillt, ist den Heilungsweg zu gehen. Selbstverständlich haben die ganzen Genussmittel usw. den Organismus in eine gewisse Abhängigkeit gebracht.

Jede Befreiung von einer Abhängigkeit bedarf der entsprechenden inneren Arbeit und braucht auch ihre Zeit. Dies ist immer und ganz natürlich individuell verschieden. In der Praxis erleben wir, wie die Menschen nach und nach ihre Abhängigkeiten ablegen.

Kirch: Heißt dies konkret, dass auch während der homöopathischen Kur z.B. Kaffee getrunken werden darf?

Roy: Wie alles, so kann auch dieses Problem nur individuell gesehen werden. Bei wirklich schwerwiegenden und bedrohlichen Situationen muss eine entsprechend strenge Diät verordnet werden. Ansonsten ist die Frage der Unverträglichkeit von Kaffee und anderen Genussmittel abhängig davon, inwieweit diese Unverträglichkeit die bestehenden Beschwerden verschlimmert oder nicht. Es versteht sich von selbst, dass eine wie auch immer geartete Unverträglichkeit im Zusammenhang mit dem Bewusstseinsstand der betreffenden Person gesehen werden muss.

Von Verboten halte ich aus zwei Gründen nichts:

1. wird durch ein Verbot nie Heilung erreicht, da ein Verbot lediglich unterdrückt, und 2. ist der freie Wille des anderen heilig, unantastbar.

Kirch: Klassische Homöopathen suchen meist immer nach dem einen Heilmittel und verdammen die Verordnung von mehreren Arzneien gleichzeitig. Ich denke dabei nicht an die Arbeit mit homöopathischen Komplexmitteln, die meines Erachtens indiskutabel ist, sondern ich frage Sie, ob es krankhafte Zustände gibt, wo eine Verordnung von mehreren Mittel angezeigt wäre?

Roy: Hahnemann hat in den letzten 16 Jahren seines schöpferischen Lebens mit dem Verordnen von mehreren Arzneien gleichzeitig experimentiert. Seine Pariser Krankenjournale belegen eindeutig, dass er dort fast ausschließlich so arbeitete. Auch der geniale engl. Homöopath Burnett arbeitete fast ausschließlich so, und er hatte die größten Erfolge damit.

Doch, und dies ist immer entscheidend, müssen die Verordnungen nach den einsehbaren homöopathischen Gesetzmäßigkeiten erfolgen, sonst behandelt man nur die Symptome der Krankheit, und nicht den Menschen an sich.

Ein ganz einfaches Beispiel: jemand bekommt Calcium-carbonicum als Konstitutionsmittel, durch Säfteverlust ist China angezeigt, also bekommt er neben dem Calcium-carbonicum für den akuten Säfteverlust China.

Kirch: Sie geben öfter Hinweise auf iso- und tautopathische Mittel, die Sie unter bestimmten Voraussetzungen zu dem jeweiligen Konstitutionsmittel geben. Wann ist es nach Ihrer Ansicht nötig, auf solche Verfahren zurück zugreifen?

Roy: Tautopathisches Vorgehen wäre in Fällen von Abhängigkeit von Suchtmitteln oder allopathischen Medikamenten angezeigt. Hierbei müssen zum Konstitutionsmittel eine oder mehrere tautopathische Mittel gegeben werden, um den betreffenden Menschen aus der Abhängigkeit zu befreien. Unter Tautopathie versteht man die Arbeit mit den potenzierten Stoffen, welche Suchtcharakter haben. Manchmal werden wir als Menschen durch spezifische Substanzen in unserer Umwelt beeinträchtigt, ohne dass dies über eine Konstitutionsbehandlung gebessert werden kann. In solchen Fällen setzen wir die schädigende Substanz in potenzierter Form zusätzlich zum Konstitutionsmittel ein. Dieses Verfahren wird Isopathie genannt.

Kirch: Nachdem was Sie bisher ausführten, müsste es ja auch entgegen der landläufigen Meinung möglich sein, Patienten zu behandeln, die mit allopathischen Medikamenten eingestellt sind. Welche Kriterien würden Sie bei der Behandlung solcher Patienten anlegen?

Roy: Grundsätzlich können auch diese Menschen homöopathisch behandelt werden. Natürlich kann in solchen Fällen die richtige Arzneimittelfindung sehr schwierig werden. Das Ziel ist jedoch immer, den Patienten von den allopathischen Medikamenten zu lösen. Wenn der Patient gewillt ist, so ist er von jeglichen Allopathika befreibar.

Kirch: Stichwort Miasmen. In Deutschland gibt es einen homöopathischen Arzt, der bis vor kurzen behauptete: “Die Miasmenlehre“ von Hahnemann ist unpraktikabel, jedes homöopathische Arzneimittel stellt ein Miasmen für sich dar.” Nun, da offensichtlich die Miasmen wieder entdeckt werden, versucht der gleiche die Miasmen über eine so genannte C -4-Homöopathie zu erklären. Was ist Ihre Ansicht dazu?

Roy: Die Praktikabilität einer Theorie im Allgemeinen muss immer erst bewiesen werden. Die Miasmenlehre Hahnemanns hat sich allerdings in der Praxis bewährt. Als Forscher auf dem Gebiet der Miasmen, können wir entweder diese Theorie erweitern, oder eine bessere, übergeordnete Theorie entwickeln. Die Behauptung, dass jedes Mittel ein Miasma darstellt, erfüllt weder die Bedingung, die Hahnemann'sche Theorie zu erweitern, noch die, eine bessere, übergeordnete zu sein. Die Miasmenlehre Hahnemanns besagt, dass alle Krankheiten ihren Ursprung in drei Grundkrankheiten haben.

Seine Theorie ist insofern sehr praktikabel, als dass wir alle Krankheitserscheinungen zu der jeweiligen Grundkrankheit hin behandeln. Dadurch kann eine echte Stabilität im Befinden des Patienten erreicht werden.

Kirch: Haben Sie für sich diese Theorie erweitert?

Roy: Sie wurde schon von anderen Homöopathen erweitert, indem diese z.B. Tuberculismus als Miasma einführten. Dieses Miasma wird auch Pseudopsora genannt, also eine Kombination von Psora und Syphilis. Wiederum andere stellten Carcinonismus als Miasma dar, verständlich als eine Kombination der drei klassischen Miasmen Hahnemanns. Hier und da werden auch Sycosyphilis und Psorasycose erwähnt. All diese Erweiterungen habe ich in meine Praxis eingebaut.

Kirch: Wir haben nun eine ganze Weile miteinander gesprochen. Dabei ist mir Ihre schlichte, klare und menschen- wie naturverbundene Art aufgefallen. Was lässt Sie so sicher und bescheiden in einer Welt sein, die durch Umweltzerstörung, Hunger, Krieg usw. geprägt ist?

Roy: Die geisteswissenschaftlichen Gesetze sind eindeutig. Wenn der Mensch bereit ist, das Destruktive in sich aufzugeben, und dies auch tut, wird er immer weniger von der Außenwelt manipuliert. In gleichem Maße jedoch wird er sensibler für das Leid, die Ungerechtigkeit usw. in der Welt. Das höchste und grundlegendste Prinzip ist das Licht Gottes. Es ist grenzenlos und ermöglicht alles. Es ist die einzige Freiheit, wenn der Mensch bereit ist, seine Ketten abzulegen.

Ohne dieses Licht ist der Mensch nichts, mit diesem Licht ist der Mensch Meister seiner Welt. Derjenige, welcher dieses Licht ablehnt, und es tut mir leid zu sagen, derjenige wird dem Tod begegnen, der, welcher es akzeptiert und verinnerlicht, wird schon in dieser Welt in das ewige Leben hineingeboren.

Kirch: Sie dienen also dem Herrn?

Roy: Ja, ich diene dem Herrn.

Kirch: Herr Roy, ich danke Ihnen für dieses Gespräch.

Ravi Roy: ein Erbe Hahnemanns

Normalerweise geht die Sache so: wenn Sie Durchfall haben, so nehmen Sie irgendwas zum Verstopfen, wenn Sie müde sind, etwas zum Wachwerden, wollen Sie schlafen und können nicht, seien Sie versichert, dass ihr Arzt oder Ihr Apotheker was zum Einschlafen hat. Ist doch ganz einfach mit der Gesundheit, oder? Ach, auch ihnen schwant langsam, dass da etwas nicht stimmen kann?

Dennoch sind dies Beispiele für den Grundsatz der sog. Schulmedizin, der Allopathie, wie Hahnemann, der Begründer der Homöopathie, sie nannte. Allopathie heißt gegensätzlich behandeln, Homöopathie versucht ähnlich zu werden und zu sein. Homöopathie bedeutet, ein Arzneimittel zu finden, welches beim normal gesunden Menschen ähnliche Symptome hervorruft, die beim erkrankten Menschen zu heilen sind. Der deutsche Arzt Dr. Samuel Hahnemann entdeckte das Phänomen der Heilung durch Ähnlichkeit vor rund 200 Jahren, als er bei der Übersetzung von medizinischen Schriften auf die These stieß, dass die heilende Wirkung von Chinarinde bei Wechselfieber auf ihrer magenstärkenden Kraft beruhe. Er fand diese These mehr als merkwürdig, und zur Überprüfung unternahm er einen Arzneimittelselbstversuch mit Chinarinde, der bei ihm Fieberanfälle auslöste. Daraus folgerte er, dass die Heilkraft der Pflanze Chinarinde bei Wechselfieber wohl damit zu tun haben müsse, dass sie selbst so etwas hervorrufe. Von nun an beschäftigte Hahnemann sich mit Versuchen, Krankheiten nach dem Ähnlichkeitsgesetz zu heilen. Dabei experimentierte er mit Stoffen aus dem Mineral- Pflanzen- und Tierreich, um deren Wirkungen zu erforschen und eine Gesetzmäßigkeit des Heilens zu formulieren. Nach langen Jahren des Forschens und der Entbehrung gelangen ihm 1830/31, während einer Choleraepidemie große Heilerfolge. Kurze Zeit später, nach dem Tode seiner ersten Frau, siedelte er zusammen mit seiner zweiten Frau Melanie nach Paris über. Dort, in den letzten acht Jahren seines schaffenskräftigen Lebens, wurde er über alle Maßen mit seiner Heilkunst Homöopathie berühmt. Er vervollkommnete sie dort, selbst für Homöopathen bis in unsere Zeit fast unentdeckt, zur universellen gesetzmäßigen Heilkunst. Wesentliche Maximen, die Hahnemann seinen Nachfolgern hinterließ, sind folgende:

Das höchste Ideal der Heilung ist die schnelle, sanfte und dauerhafte Wiederherstellung der Gesundheit oder Behebung und Vernichtung der Krankheit in ihrem ganzen Umfang auf dem kürzesten, zuverlässigsten und unnachteiligsten Weg. Die Behandlung soll nach deutlich einzusehenden Gründen erfolgen (Samuel Hahnemann, Organon der Heilkunst, Ausgabe 6 B, § 2).In § 3, Abschnitt d, schrieb er:

Der Arzt soll (...) die nach ihrer Wirkungsart geeignetste Arznei dem Fall anpassen, indem er die genaue erforderliche Zubereitung, die geeignetste Menge (rechte Gabe) und die gehörige Wiederholungszeit der Gabe kennt. Weiter gab er seinen Nachfolgern auf:"...macht's nach, aber macht's genau nach..."

Was hat das alles mit Ravi Roy zu tun, werden sie sich fragen, das gilt doch für alle Homöopathen! Ja und nein. Was heute unter so genannter Klassischer Homöopathie firmiert, ist im wesentlichen geprägt durch James Tyler Kent, einem sicherlich sehr großen unter den Homöopathen. Nur was Kent nicht wusste, und auch nicht wissen konnte, weil Hahnemanns Nachlass erst jetzt richtig ans Tageslicht kommt, ist die Fortentwicklung Hahnemanns während seiner Pariser Zeit. Er gelangte von der ausschließlichen Verordnung von Einzelgaben der Arzneien zu Wiederholungen derselben, zu Verordnungen von sogar mehreren Arzneien gleichzeitig während einer Kur) und der systematischen Entwicklung von LM-Potenzen. Diese LM-Potenzen sind durch ihre extreme Verdünnung (bei jedem Potenzschritt 1:50.000) im Verhältnis zu den üblichen C-Potenzen (1:100) und bei zehnfach häufigerer Verschüttelung (Dynamisierung) wesentlich geistartiger als die C-Potenzen. Sie sind deshalb sanfter, weil sie der geistigen Sphäre des Menschen ähnlicher sind. Ich habe Ravi Roy als denjenigen kennen gelernt, der sich meines Wissens am weitgehendsten mit der praktischen Fortführung von Hahnemanns Forschungen während dessen Pariser Zeit vertraut gemacht hat

Ravi Roy hat wohl als erster in mehr als zwanzigjähriger Arbeit die Verordnung von LM-Potenzen nach wissenschaftlichen Kriterien erforscht. Besonders hat er die Reaktionen der Patienten auf LM-Potenzen untersucht und formuliert. Hahnemanns Methode, LM-Potenzen zu verordnen, erweist sich in der Praxis als sehr zuverlässig. Sie ist sanft und unnachteilig für die Patienten. Die berühmten Erstverschlimmerungen bei der homöopathischen Kur bleiben in der Regel aus. In den seltenen Fällen, in denen z.B. eine zu hohe LM-Potenz verordnet wurde, sind die darauf folgenden Erstverschlimmerungen wesentlich leichter zu beherrschen als bei C-Potenzen. Damit wird, bei ernsthafter Beachtung der homöopathischen Gesetzmäßigkeiten, die vermeintliche Notwendigkeit der Erstverschlimmerung als gutes Zeichen in der homöopathischen Therapie nachdrücklich widerlegt. Dies zum Wohle der Patienten, denen vermeidbares Leiden erspart werden kann. In Roys Arbeit konnte ich auch eine andere Forderung Hahnemanns erfüllt sehen: die Anpassung der geeignetsten Arznei durch die erforderliche Potenz und Verdünnung, sowie die passendste Wiederholungszeit der Gabe (s.o.). LM-Potenzen erfüllen diese Forderung in besonderer Weise. Sie können sowohl viel besser und differenzierter dosiert werden als z.B. C-Potenzen, als auch ebenso differenziert wiederholt werden. Damit hat man als Behandler ein wesentlich weiteres Handlungsspektrum, um der Individualität eines jeden Patienten gerecht werden zu können.

Die Wiederholung bringt zusätzlich den essenziellen Vorteil für den Patienten, an seiner Struktur dranzubleiben, sich der krankmachenden Störung in sich langsam und sicher, gerade deswegen auch auf dem schnellsten Weg zu nähern, sich ihr bewusst zu werden und sie zu beseitigen. Dies erfüllt die Forderung Hahnemanns nach dem zuverlässigsten Weg.

"Dennoch gibt es Menschen, welche kaum oder gar nicht auf LM-Potenzen ansprechen. Diese müssen deshalb mit C-Potenzen behandelt werden". Ravi Roy und gibt Hinweise, wie dies erkannt und beurteilt werden kann.

Roy ist einer der wenigen, die Forschungen Hahnemanns auch in Bezug auf die Gabe von mehreren Arzneien gleichzeitig während einer Kur fortführen. Z.B. bekommt ein Patient Calcium-carbonicum als Konstitutionsmittel. Hat er dabei einen akuten Säfteverlust, so kann man zu Calcium-carbonicum z.B. China für das akute Geschehen zusätzlich verordnen. Bei dieser Verordnungsweise müssen aber unbedingt, wie auch bei der Verordnung von Einzelmitteln, die homöopathischen Gesetzmäßigkeiten strikt eingehalten werden. In meiner eigenen Praxis konnte ich mich von den enormen Vorzügen dieser Behandlungsweise überzeugen. Ebenso verhält es sich mit den entscheidenden Hilfen und Hinweisen Ravi Roys bzgl. tautopathischer und isopathischer Vorgehensweisen, um ggflls. die homöopathische Konstitutionstherapie zu unterstützen. Gerade in unserer Zeit, in der Süchte, Abhängigkeiten und Umweltbelastungen, wie auch allopathische Behandlungen und Impfungen ein oft kaum zu meisterndes Hindernis in der homöopathischen Therapie darstellen. Als Homöopath versucht man immer auf die Grunderkrankung hinzuarbeiten (Miasmen). D.h. wir dürfen die Miasmen nie außer Acht lassen. Es ist erstaunlich mit welcher Selbstverständlichkeit und Sicherheit Ravi Roy diesen unabdingbaren Aspekt selbst in die scheinbar einfachsten Therapiehinweise eingearbeitet hat. Ein wichtiger Aspekt in jeder homöopathischen Arbeit, ganz besonders wichtig für angehende Homöopathen, ist das vorurteilsfreie Forschen. Dazu gehört die unabdingbare Bereitschaft, sich nicht, wie Hahnemann es nannte, übersinnlichen oder theoretischen Ergrübelungen hinzugeben, sondern präzise zu hinterfragen, den Gesetzmäßigkeiten entsprechend zu experimentieren, kurz zu überprüfen. Dabei allerdings, und darauf legt Ravi Roy großen Wert, sich selbst nicht auszuschließen, und vor allem keiner noch so vorherrschenden Meinung nachzulaufen.

Roy meint, und dazu kann man ihm nur beipflichten, dass es absolut notwendig ist, als Homöopath ein echter Wissenschaftler zu werden. Eben weil, und dies hat Hahnemann in außerordentlicher Weise vorgelebt, Homöopathie eine materielle Wissenschaft ist, welche die individuelle Eigenart eines jeden Patienten in seiner jeweiligen Gesamtsituation zu erfassen sucht, um heilen zu können. Leben an sich ist dynamischer Natur. Homöopathie erfüllt dieses Prinzip in vollem Umfang, und ist deshalb immer prozeßhaft. Homöopath werden bedeutet wahrhaftig werden.

Ravi Roy überzeugt in seiner Arbeit und seinem Wesen eben gerade dadurch, daß er sich mit dem Schöpfer durch Übung aus Bedürfnis, und nicht aus bloßem, sondern aus freiem Glauben heraus verbunden weiß. Bescheiden und dennoch bestimmt geht er einen Weg, wie ihn Hahnemann vorgezeichnet hat.Dabei versucht er, seinen Schülern durch sein Beispiel den Weg zur Homöopathie, und damit auch einen Weg zu sich selbst und zu Gott finden zu lassen."...macht's nach, aber macht's genau nach...", dieses Wort vom Meister Hahnemann kann doch nur bedeuten, die geistigen Gesetze wie die darauf fußenden homöopathischen Gesetzmäßigkeiten zu achten und zu respektieren, um Gewissheit erlangen zu können. Nur dann können wir zu wahren Erben Hahnemanns werden, so wie Ravi Roy einer ist.

Homöopathie - Science Fiction oder Realität?

Science Fiction Autoren versuchen eine Realität darzustellen, die vom herrschenden Wissensstand gesehen wahrscheinlich sein kann. Alle technischen und naturwissenschaftlichen Kenntnisse und theoretischen Vorstellungen werden so in die Erzählung eingebaut, dass eine weiter entwickelte Welt möglich erscheint. Es gibt zwei Hauptkriterien für gute Sience Fiction: 1. verwirklicht sich die Vorstellung des Autors in der nicht weit entfernten Zukunft, und 2. die wissenschaftliche Basis ist sehr grundlegend durchdacht. Wenn gleich beide Bedingungen erfüllt werden, dann haben wir Science Fiction der Spitzenklasse. Hahnemann, der Begründer der Homöopathie, schrieb seine erste Ausgabe des "Organon der Heilkunst" im Jahre 1810. Dieses Buch enthält die ganze Wissenschaft der Homöopathie. Damals, wie auch heute noch, ist es für viele eine aberwitzige Science Fiction. Stellen wir uns einen weitsehenden Sience Fiction Autor im Jahre 1610 vor. Die Erzählung von Hahnemann, seiner Homöopathie und dem Organon der Heilkunst könnte folgendermaßen ausschauen: Es lebte in einem schönen kleinen Dorf am südlichen Ufer der Loisach ein großer Junge namens Jacob Tausendgüldenkraut. Die Natur war seine Heimat, die Wiesen seine Freunde und die Blumen seine Lieblinge. Er hatte einen Onkel namens Johan Friederich von Hohenstein, den er innig liebte. Johan Friederich war ein viel belesener und gebildeter Mann, der immer gerne aus der Stadt heraus in die unverfälschte Natur wanderte. Onkel und Neffe pflegten viele Stunden in der Natur zu verbringen und miteinander zu reden. Es gab keine Themen, die sie scheuten anzugehen. So fragte eines Tages Jacob seinen Onkel Johann: „Onkel, werden wir jemals von den schrecklichen Krankheiten befreit?“ Der Onkel hielt eine zeitlang inne und erwiderte dann:

„Mein Sohn, was ich dir jetzt erzähle, darfst du niemals jemandem verraten.

Die Welt ist noch zu schlecht und unwissend. Es könnte dich dein Leben kosten. Wie du schon weißt, sind alle Krankheiten von den Menschen selbst geschaffen. Also müssen sie auch vom Menschen wieder abgeschafft werden.

In Gottes Reich gibt es nur Perfektion und Herrlichkeit. In genau 145 Jahren wird ein Meister geboren werden, welcher der Menschheit die wahre Wissenschaft der Heilkunst geben wird. Sein Name wird Christian Friedrich Samuel Hahnemann lauten. Schon als Kind wird ihm sein Vater die Grundlagen des richtigen Denkens einprägen. Seine Wissbegier wird keine Grenzen kennen und bis spät in die Nacht wird er in seine Bücher vertieft sein. Nachdem sein Vater ihm alle Lampen und Kerzen entzieht, wird er sich selbst eine Tonlampe basteln, um sein Herzbegehren heimlich zu verfolgen. Die Jahre des Aufruhrs, der Tumulte und die Armut seines Elternhauses lassen Samuel erst mit 20 Jahren die Schule beenden. Er wird Medizin studieren und 1790, nach vielen Jahren der Entbehrung, Enttäuschung und Erfahrung, auf ein Heilsgesetz stoßen. Dieses Gesetz besagt, dass jegliche Unterdrückung der Krankheitssymptome die Krankheit mindestens in ihrer ursprünglichen Form und Größe bewahrt, oft aber an Kraft gewinnen lässt.

Wendet man jedoch das der Unterdrückung entgegen gesetzte Ähnlichkeitsprinzip an, so wird der Weg zur Heilung eingeschlagen. Jacob unterbrach hier und fragt: „Onkel, du sagst, der Weg der Heilung wird eingeschlagen und nicht, die Heilung findet statt?" „Richtig, mein Sohn," antwortet Johann, „lass mich dir deshalb den Aufbau der Naturgesetze und der Wissenschaften erklären.

Die Wissenschaft kann in drei große Bereiche aufgegliedert werden:

1. die materielle Wissenschaft oder die so genannten Naturwissenschaften.
2. die Sozialwissenschaften.
3. die Geisteswissenschaften.

Zu 1.: die materiell-physikalischen Wissenschaften (Physik, Chemie, Mathematik, usw.) akzeptieren die meisten Menschen passiv. Doch können diese materiellen Wissenschaften durch falsche Anwendung für das menschliche Wohlergehen bedrohlich und dann in Frage gestellt werden. Das falsche Anwenden der physikalischen Wissenschaften ergibt sich durch das Nichtbeachten der Sozial- und der Geisteswissenschaften.

Zu 2.: die Sozialwissenschaften (Politik, Soziologie, Psychologie, usw.) stehen über den Naturwissenschaften. Sie sollen den Verlauf der täglichen Kommunikation und des Verkehrs unter den Menschen einander ordnen. Doch dies allein wird noch zu sehr begrenzt sein. Denn selbst bei Tieren kann man rudimentäre Formen von sozialem und materiellem Wissen beobachten.

Über allem aber stehen die Geisteswissenschaften.

Zu 3.: die Geisteswissenschaften beschäftigen sich mit der Schöpfungskraft, welche die ganze Natur durchdringt und alles darin kontrolliert.

Die Schöpfungskraft ist die unendliche Liebe und Intelligenz.

Sie hält die ganze Natur in Harmonie und führt alles mit Perfektion durch. Die Schöpfungskraft wird auch Lebenskraft genannt; sie ist es, welche den kranken Menschen heilt. Samuel Hahnemann wird diese Wahrheit in seinem ganzen Werk anerkennen. Die Homöopathie wird eine materielle Wissenschaft sein, deren Wirkung auf den feinstofflichen Körper gerichtet ist. Sie wird sowohl die physikalischen Wirkungen, als auch die psychischen und geistigen Wirkungen betrachten. Die Erscheinungen einer Krankheit werden also in ihrem gesamten Umfang erfasst werden.

Je gründlicher dieses Erfassen der Krankheitszeichen vorgenommen wird, desto sicherer kann dann die Arzneiwahl erfolgen. Das absolut gründliche Erfassen der Krankheitserscheinungen ist eine der wesentlichsten Voraussetzungen für die wissenschaftliche Untersuchung. Nichts ist bedeutungslos, auch wenn zunächst die Zusammenhänge nicht klar sind oder verstanden werden. Die wissenschaftliche Untersuchung muss selbst die kleinsten Details subjektiv und objektiv zu erfassen suchen. Was bewerkstelligt nun eine homöopathische Arznei? Der Begriff „Arznei" wird für einen wahren Homöopathen fragwürdig bleiben.

Durch das spezielle Herstellungsverfahren von homöopathischen Arzneien (verdünnen, verschütteln bzw. verreiben), ist jenseits der Lohschmidt'schen Zahl (10^{24}) tatsächlich kein Molekül eines Arzneistoffes chemisch mehr nachweisbar. Bedingt durch diese Herstellungsweise kann eigentlich nur davon ausgegangen werden, dass z.B. bei einer auf C 30 potenzierten homöopathischen Arznei lediglich die "geistartige" Information oder Energie des Arzneistoffes auf die Trägersubstanz (Alkohollösung oder Milchzucker) übertragen wird. Dies ausführlicher zu diskutieren, würde uns jetzt aber zu weit abschweifen lassen. Die homöopathische Arznei wird eine Bewußtseinsänderung beim kranken Menschen bewirken. Diese Bewußtseinsänderung sollte dem augenblicklichen Krankheitsprozess des Patienten entsprechen. Dies kann dem erkrankten Menschen zeigen, was er unternehmen muss, um sich aus seinem krankhaften Zustand zu befreien. Der höhere Mentalkörper stellt der Person eine gewisse Energie für diese Vorhaben zur Verfügung. So ist es völlig offen, inwieweit sich die betreffende Person auf den Weg der Heilung begibt, wie weit sie ihn geht und wie schnell sie darauf voran kommt usw. Ein Beispiel: jemand hat anscheinend eine Abwehrschwäche. Diese könnte leicht und schnell beseitigt werden, da der Organismus zur Gesundung lediglich eine "richtige" Anweisung, d.h. Information braucht.

Liegt jedoch eine echte Abwehrschwäche vor, wo der Organismus viel Neues lernen müsste, wird es entsprechend schwieriger sein und länger dauern. Hierzu müssten bestimmte Maßnahmen, besonders bei der Ernährung, beachtet werden.

Gesellt sich dann noch eine Schwäche der Vitalebene hinzu, würden wir mit einem echten Problem konfrontiert. Hier wäre es unabdingbar, die Vitalkraft schnellstens zu stabilisieren, und wenn möglich wieder aufzubauen.

Gelänge dies nicht, so bestände u.U. beim nächsten Angriff auf das Abwehrsystem absolute Lebensgefahr für den Patienten. Ein echter Mangel an Vitalstoffen kann durch eine homöopathische Arznei nicht behoben werden. Hingegen ist es möglich, Assimilisationsprobleme von Vitalstoffen durch eine geeignete homöopathische Therapie zu beseitigen. Ähnlich verhält es sich mit den therapeutischen Möglichkeiten der anderen Wissenschaften wie Soziologie, Psychologie usw. Auch sie sind nicht geeignet, tatsächlich Fehlendes auszugleichen. Damit kommen wir zu den Geisteswissenschaften. Jegliche echte und dauerhafte Heilung ist abhängig davon, inwieweit wir die göttlichen Gesetze kennen, achten und unser Leben danach ausrichten. Nun, Jacob, ich denke dir ist jetzt verständlich, was ich meine, wenn ich sage: der Weg zur Heilung wird eingeschlagen." „Verstehe ich," erwiderte Jacob, „du hast es die Wissenschaft der Homöopathie genannt. Hahnemann wird wohl ein genialer Wissenschaftler werden müssen, um solch eine wissenschaftliche Heilkunst wie die Homöopathie zu begründen. Welche besonderen Eigenschaften kennzeichnen einen wahren Wissenschaftler weiter noch, Onkel?" „Wohl war", antwortete der Onkel, „Hahnemann wird ein wirklich bedeutender Wissenschaftler. Wie jeder andere große Geist wird er sich nicht vor Spott und Hohn seiner Zeitgenossen scheuen.

Eine weitere schätzenswerte Eigenschaft eines Wissenschaftlers ist, sich von der Suche nach der Wahrheit durch nichts abbringen zu lassen. Standfestigkeit, sich nicht durch Meinungen verunsichern zu lassen gehört ebenso dazu, wie das Beseeltsein von großem Mut. Ein Wissenschaftler lehnt nicht ungeprüft etwas ab, genauso wenig wie er alles gleich akzeptiert. Er lässt sich nur durch Tatsachen und Gewissheit leiten und sagt nie: ich glaube nicht. Ausdauernd und unermüdlich sucht er den Weg zur Wahrheit, so unwahrscheinlich und beschwerlich dieser Weg auch immer sein mag. Hahnemann wird die Medizinwelt mit den Worten: "Macht's nach, aber macht's genau nach!" auffordern, ihm auf dem Weg der wissenschaftlichen Heilkunst zu folgen. Dies bedarf einiger Erklärung: wenn in den physikalischen Wissenschaften experimentiert wird, so tut man das getreu den Gesetzen und Vorschriften der entsprechenden Wissenschaft. Weshalb sollte es in der Homöopathie anders sein? Erst wenn die Grundsätze der Homöopathie erlernt und gemeistert sind, ist es möglich, das Wissen experimentell zu erweitern. Sonst wird man gar nicht wissen, was man da tut und kann nicht erkennen, was geschieht.

Aude sapere, die Inschrift des Torbogens von St. Afra, der Schule Hahnemanns, dieses wage zu wissen, wage weise zu sein, dieses Aude sapere und stetiges geistiges Wachstum sind kennzeichnend für jeden echten Wissenschaftler. Hahnemann wird zeitlebens nie aufhören zu forschen, zu experimentieren, Wissen zu sammeln um zu heilen. Dies wird das Vermächtnis an seine Nachfolger sein.

Jacob, es ist spät geworden, lass uns an dieser Stelle enden. Bei passender Gelegenheit werden wir die Erforschung des wunderbaren Lebens weiterverfolgen."

„Vielen Dank Onkel Johann, und alle Ehre Samuel Hahnemann."

Fall aus der Praxis

Herr R., ledig, geb. 11/1976, keine Kinder, Doktorant der Mathematik (Stipendiat)

1.Ordination 09.08.2005 wegen Folgen von psychedelischen Drogen u.a.

Weitgehenst original Patientensprache:

Hat meine Praxis aus dem Internet. Schlanker, mittelgroßer Typ, schnelle, direkte Sprache und Bewegung, kultivierte Umgangsform (gutbürgerliches Elternhaus), "szenemäßige" Kleidung (aber teuer), hat bereits 2 Termine zur 1.Ordination versäumt, kommt jetzt 15 Min zu spät.

Die Erste Stunde, das macht am meisten Spaß (er meint die 1. Ordination).Kenn mich mit Homöopathie aus, habe Staphisagria D 30 Arzneiprüfung gemacht. Früher, so vor 10 Jahren habe ich oft psychedelische Drogen genommen, auch synthetische, jetzt nur noch so zum Abfeiern, eher seltener. - Zuletzt vor 4 Wochen ne E (meint Extasy/MDMA). Sonst kiff ich regelmäßig. Kiffen erweitert mein Verständnis von der Welt, da seh ich alles klarer. - Die Welt ist Mathematik (es folgen intelligente und komplizierte Erklärungsmodelle).An Homöopathika hab ich schon einiges versucht: Antimonium-crudum, Antimonium-tartaricum , Thuja., Nitricum-acidum. und andere, alles so von C 30 bis CM (C 100.000) hoch. Seit 1998 habe ich einen schuppigen Ausschlag auf der Brust (hebt dabei sein T-Shirt hoch).
Mein Großvater mütterlicherseits ist an Krebs verstorben, meine Großmutter mütterlicherseits hat Rheuma (hat sich mit Familiensystemen befasst).Seit meinem 3. Lebensjahr habe ich das Gefühl eine zweite Haut zu haben.

Jetzt wo der Ausschlag da ist, hab ich das Gefühl, dass diese zweite Haut, die ich wie eine Schutzschicht empfinde, eingebrochen ist. Seither sind meine Gefühle viel zu doll, ich bin dauernd sinnlos verliebt. Um den Kopf hab ich jetzt ähnliche Gefühle, so wie Löcher in der Aura. In meiner Brust hab ich auch das Gefühl von einem Loch. 1998 war die Trennung von meiner Freundin, komme aber nicht von ihr los. Meine Frauen gehen immer fremd. Wenn ich körperlich fertig bin, dann hab ich die besten Ideen. Seit dem 4. Lebensjahr versuch ich die Welt zu verstehen. .Meine Mutter hat noch mal vor 10 Jahren Psychologie studiert, mein Vater ist Abteilungsleiter bei der Telekom. Ich bin der älteste Sohn, habe noch 3 Geschwister. Alle, außer meiner Mutter, sind allergisch. Mein Vater hat ne Sonnenallergie. Ich mag kein Brot, bei kalten Soßen wird mir übel, gerne esse ich warmes Junkfood, Mc Donald oder KFC. Heißes Wetter mag ich überhaupt nicht, feuchte Kälte auch nicht, da wird alles schlechter bei mir. 2002 hatte ich Pfeiffersches Drüsenfieber. Das hab ich mit Calcium-carbonicum D 12, 4 x täglich eine Tablette über 4 Monate behandelt. Seither habe ich Gefühle von Prägung durch Calcium, Hautkribbeln und eine Neigung zu Erkältungen, auch sind die Schleimhautübergänge dauernd gereizt. Dope ist meine Lieblingsdroge, da versteh ich wie die Welt gebaut ist.

Soweit sein Spontanbericht. Weiteres Nachfragen z. B. um gewisse Dinge zu präzisieren, Modalitäten usw. verneinte er.

Für mich war das auch nicht so vordringlich, da die eigentlichen und individuellen Dinge hinter der Droge liegen, es zunächst also darum gehen musste dahin zu kommen. Nach meiner Erfahrung mit relativ vielen Drogenpatienten kamen zunächst nur Carcinosinum, Syphilinum, Tuberculinum, Medorrhinum für mich in Betracht., insbesondere Syphilinum wegen dem besonders destruktiven Charakter der synthetischen Drogen in Verbindung mit der überdurchschnittlichen (mathematischen) Intelligenz des Patienten.

Verordnung:

Syphilinum LM 150
2 x täglich 3 Tropfen auf 1 Esslöffel Wasser, 4 Wochen
wenn nach 1 Woche keine Verschlimmerung, dann auch 3 - 4 x täglich

2.Ordination 08.09.2005

Heute etwas angeschlagen wegen beginnender Erkältung. Hautausschlag auf der Brust unverändert. Aber sein Allgemeinbefinden ist sehr gut. Vor allem sei die Palliation und Unterdrückung durch die vorherigen Mittel aufgehoben. Das "Loch" in der Brust sei fast gänzlich weg. Im Kopf selbst ("Loch") beginnt jetzt erst die Besserung. Hat 4 Tropfen pro Gabe 3 x täglich genommen, kam damit gut zurecht wie er meint. An der Schulter jetzt leichter, beginnender, trockener Hautausschlag. Ihm ist Thema klar geworden: den eigenen Standpunkt waren. Erkannte, dass er dazu neigt Standpunkte anderer einzunehmen. Hat in den letzten Wochen nur noch am Wochenende etwas Kaffee und Alkohol in Longdrinkform, besonders Wodka, zu sich genommen, gekifft hat er gar nicht mehr. Bier mag er überhaupt nicht. Ab und zu verspürte er drückende Stellen im Hals, so wie beginnende Angina, die gingen aber wieder weg. Insgesamt hat er das Gefühl, dass seine Gesundheit stabiler sei. Das mit den Erkältungen würde er erst seit seiner Calcium-carbonicum Kur kennen, so mit Hautkriebeln, dann die Schleimhäute, besonders zwischen Mund und Nase und das Gefühl von Schwäche. Vater und Mutter des Vaters sind beide an Krebs verstorben. Seine Familie sei eine Familie von Einzelgängern, man lebt so nett nebeneinander her, relativ problemlos. Vater hatte "schlimme" Kindheit, will nicht darauf angesprochen werden, deshalb weiß er da nichts. Als Schulkind hatte er immer "Magenschnupfen", das wurde besser nachdem er aus der Schule raus war. Der Hautausschlag ist trocken, rötlich, frieselig.

Selbstreflektion hat er erst gegen 1998 entwickelt, - da hatte er dann auch keine Lust mehr regelmäßig E's zu schlucken, wollten nur noch kiffen, schluckte aber dennoch hier und da zum Abfeiern E's und ähnliches. Er tanzt für sein Leben gerne. Vorher hat er mehr wie ein Kind so in den Tag gelebt. Als Kind hat er sehr viel Blödsinn gemacht, z.B. Wald angezündet und ähnliches. 1998 kamen dann so die Hemmungen auf, konnte niemanden mehr in die Augen sehen oder angucken. Im Prinzip hat sich das nicht geändert, hat nur gelernt besser damit umzugehen. Das dauernde sinnlose Verliebtsein tauchte so als Gefühl unter Syphilinum noch mal auf, jedoch ohne objektives Ziel (Frau), ging dann aber wieder weg. Seine Geheimratsecken (stark ausgeprägt) hat er so seit 1999 unverändert. Sein Bartwuchs entwickelt sich erst jetzt langsam, da ist er relativer Nachzügler. Meint sich von anderen beeinflussen zu lassen, weil er "Loch" über dem Schädel hat, das sei so ein Gefühl, als ob einer ihn von oben her drückt, selbst wenn er sich selbst im Recht sieht. - Hat schon immer Probleme mit Autoritäten gehabt. - Sobald er selbst Schwächen bei Autoritäten sieht, geht sofort in Totalopposition. - Bei der Bundeswehr hat er jeden Befehl total verweigert, so hat man ihn dort nach 2 Monaten entlassen.

Syphilinum hat eine Klärung der Situation bewirkt, deutlich ist nun das carcinosine Bild sichtbar im Sinne der miasmatischen Belastung und persönlichen Ausdrucksform.

Sepia und Natrium-muriaticum deuten sich auf der personotropen Ebene an, sind aber noch nicht klar definierbar. Die Potenzhöhe ist in solchen Fällen entscheidend, d.h. sie darf nicht zu niedrig sein (nicht unter LM 60), da sich sonst nichts wirklich im positiven Sinne bewegt. Es ist viel Energie im Spiel, der Patient "hält" auch viel Energie aus (ergibt sich aus seiner Krankengeschichte, viele Drogen und dennoch Begabtenförderung im Studium).

Verordnung:

Carcinosinum LM 180

2 x täglich je 3 Tropfen auf 1 Esslöffel Wasser, über 6 - 8 Wochen

3.Ordination 04.11.2005

Kommt erstmals pünktlich zur Ordination. Ist völlig begeistert, sieht mich erstmals direkt an. Carcinosinum war supergut, das ging sofort los. Das "Loch" in der Brust war innerhalb der 1. Woche zu, in der 2. Woche begann sich "Loch" im Kopf zu schließen und die "Calcium-Geschichte" kam noch mal hoch.- Durchlief quasi die Pfeifferische-Drüsen-Sache noch mal. Nach 1 weiteren Woche war das weg und ich hatte das Gefühl, dass diese "Calcium-Kruste" unter meiner Haut auch weg war, kein Kriebeln mehr. Dann entwickelte sich ein Selbstgefühl, das durch Calcium vorher verschwunden war. - Ich fühle mich mehr denn je selbst. Über dem Kopf hab ich noch so ein Gefühl von "Schutzschicht". Jetzt, in der letzten Woche, hat Carcinosinum Aufgehört zu wirken, nach 6 Wochen. Da wo die "Löcher" in Kopf und Brust waren, hab ich jetzt zeitweise so ein "Ballon oder Wasserbomben - Gefühl". Außerdem ein Gefühl als seien meine Hände seitenvertauscht.

Oder als ob mein unterer Gefühlskörper nach oben geklappt und aufgebläht sei. Teilweise sind diese Gefühle auch außerhalb meines Körpers. Das Hautkriebeln ist völlig weg, nur noch ab und zu so ein Gefühl von überhitzter Haut, wie nach dem Joggen. Das ist so, als würde Aura ausströmen. Psychisch geht es mir bedeutend besser, sehe alles viel positiver, hätte ich nie geglaubt zu können. übrig geblieben ist eine unbestimmte Sehnsucht, z.B. nach Menschen, am stärksten nach Frauen. Z.Zt. rauche ich gar kein Haschisch mehr, nur noch ab und zu knabbere ich einen Haschkeks am Wochenende. Bin gerade in der heißen Phase meiner Doktorarbeit.

Die geht bestens voran und ich spüre deutlich weniger Ablenkung, bin wesentlich konzentrierter bei der Sache. Das Gefühl von beginnender Angina war nach 2 Tagen Carcinosinum weg, ebenso das Schwächegefühl. Der Hautausschlag ist unverändert. Alle meine Geschwister haben den gleichen Hautausschlag. Meine "Traumfrau-Projektion" stört, nervt mich regelrecht und versuche sie intellektuell zu kontrollieren. Das Gefühl von Leiden und Liebeskummer ist dennoch viel besser geworden, es rückt jetzt mehr die sexuelle Attraktion in den Vordergrund.

Denke, dass Carcinosinum gut gewirkt, das Miasma sich beruhigt hat und nun die "Traumfrau-Projektion" und der Hautausschlag im Vordergrund steht.

Verordnung:

Sepia LM 180
2 x täglich (ev. auch 3 x) je 3 Tropfen auf 1 Esslöffel Wasser, 6 - 8 Wochen

4. Ord. per Email 29.+30.11.2005

Er schickt folgende Email:
Hallo, ich wollte mich melden, da ich das Sepia LM 180 nun schon 3 Wochen nehme, doch es passiert nix! Das einzige was es bis jetzt gebracht hat, ist, dass mir nun klar ist, wo das Problem liegt. Sepia hat da eine ganz leichte Resonanz drin, aber mehr nicht und kann das nicht auflösen. Deshalb glaube ich, dass es Zeitverschwendung ist, das jetzt noch 5 Wochen weiter zu nehmen. Also, Was machen wir? Bin leider im Moment knapp bei Kasse und kann' s mir schlecht leisten so oft vorbei zu kommen.
Ich antworte mit der Aufforderung eine nähere Beschreibung zu schicken, insbesondere wo er denn meint, dass sein Problem liegen würde.

Darauf antwortet er mit folgender Email:

O.K. Dann beschreib ich das mal etwas näher. Sie hatten ja gesagt, dass wir mit Sepia dem "Traumfrau" Ding auf den Grund gehen wollten (hatte ich so nicht gesagt). Also zunächst mal was aus der Vergangenheit: Früher bevor ich mit den Chemie-Drogen angefangen bin, war ich eigentlich ganz anders als heute. Ich war'n ziemlich guter Flirter und hab eigentlich immer die "Schnitten" (Mädchen) bekommen, die ich wollte. Flirten und so, war'n echtes Hobby. Außerdem war ich immer so der Anführer-Typ" in der Gruppe, der immer das Geld und das zu Kiffen und so hatte. Bei dem wir immer rumgehangen haben... Der Macher irgendwie. Hatte immer die besten Sprüche etc. und habe es geliebt Leute zu verarschen. Das hat sich ziemlich gut angefühlt, obwohl ich oft Stress mit anderen hatte, weil ich zu egoistisch war und da auch schon mal das ein oder andere Herz gebrochen wurde. Aber ich war halt so. Mein Handeln ging immer von innen nach außen. War also impulsiv, spontan und hab mich nie groß um die Folgen geschert, Hauptsache Spaß und Lust, Fun-Factor 10. Ich war irgendwie 'n Frauen-Typ... Dann irgendwann 1995 ist was passiert, was das ganze UNTERDRÜCKTE. Plötzlich hatte ich einen "Reflektor" um das Gesicht. Dieser reflektierte meine Ausstrahlung teilweise auf mich zurück. Falls Sie schon mal mit dem Handy telefoniert haben und plötzlich etwas zeitversetzt ihre eigene Stimme in der Leitung hörten, wissen Sie etwa was ich meine, nur statt dessen mit Ausstrahlung statt mit Stimme. So was irritiert völlig und der normale spontane Fluss von innen nach außen hat nicht mehr funktioniert. Das war so gravierend, das fast nichts mehr von dem o.g. übrig blieb. Dieses "Reflektorfeld" ist bis heute noch da. Sepia hat das etwas deutlicher werden lassen, konnte es aber nicht auflösen. Da fällt mir ein, dass dieses Feld für einen Nachmittag einmal weg war, als ich nach meiner Staphisagria Prüfung noch ein Globuli Staphisagria C 30 genommen hatte. Das war super.

Ich konnte den Leuten wieder unbeschwert in die Augen gucken und musste mich nicht ständig mit einem Misch aus Außenwelt und reflektierter eigener Ausstrahlung rumplagen. Aber das war halt bald wieder da. Dieses Reflektorfeld ist DAS ZENTRALE PROBLEM im Moment. Es ist schuld, dass mein Charakter wie oben beschrieben, den ich eigentlich sehr mochte im Moment UNTERDRÜCKT ist. Wenn man ständig deutlich spürt wie man grad wirkt, wird man automatisch verhalten und erzieht sich einen korrekt wirkenden Charakter an, wird auch etwas verklemmt. Daraus folgt auch, dass ich nicht mehr richtig flirten kann, weil dieser Ausstrahlung-Spiegel total stört. Und da ich diesen sexuellen Teil nicht mehr richtig ausleben kann, kommt dieses Traumfrau Ding, als Kompensation. Soweit diese Erkenntnisse... Falls Sie meinen, dass ich doch besser noch vorbei komme, dann machen wir es so. Nach dieser Erkenntnis und der Erinnerung wie früher war, ist mir beinahe alles recht um das aufzulösen.

Verordnung:

Sepia LM 180
4 - 5 x täglich je 3 Tropfen auf 1 Esslöffel Wasser, 4 Wochen

5. Ordination 29.12.2005

Hat Zettel dabei, wo er Symptome notiert hat als Erinnerungsstütze für sich.
Mit Sepia habe ich eigentlich nur Druck auf der Haut verspürt. Seit meinem letzten Besuch war ich 3 x erkältet. Da ich Tagebuch geführt habe, merkte ich, dass die Erkältungen fast identisch waren. Unter Sepia ist deutlich geworden, dass das Reflektorfeld um das Gesicht durch Drogen entstanden ist. Ist ein Gefühl in mir, dass dieses Feld Verstecken oder Verschleiern will. Dieses Feld möchte auch niemanden in die Augen gucken.

Das ist auch wie ein Reflektor, das stört und irritiert mich besonders stark, wenn es um persönliche Dinge geht. - Angst vor Kritik und Schwäche. Dies verhindert auch dies Liebe und deren Ausdruck. Dieses Feld versucht mir Schuld einzureden. Das begann alles etwa 1995, da war ich vorher auf einer Party mit vielen E's (Extasy). Die Erkältung beginnt morgens mit trockener, kratzender Stelle im Hals, dann kommt ein Gefühl von "Muskelrheuma", werde dann auch ganz kälteempfindlich, zum Teil weitet sich der Halsschmerz aus und wandert im Hals umher. Muss dann trinken, Kaltes. Tagsüber ist alles leicht besser, abends wird es dann wieder schlechter. Hatte am 3. Tag Zahnschmerzen und ein Brummen im Kopf. Am 4. Tag gelblicher, süßlicher Schleim im Hals, Ohrensausen und -rauschen, sowie Nackenschmerzen. Am 5. Tag Bauchschmerzen, plötzlich kommend und gehend, dann Schmerzen in den Oberschenkeln die mich hektisch machten. Am 6. Tag Schleim im Hals gelblich/bräunlich, dick und klumpig, dabei Aphten an den Wangeninnenseiten, die hab eh ich öfter. Am 7. Tag linke Schulter sehr schmerzhaft. Am 8. Tag klingt alles langsam ab und die kranke Energie beginnt durch den ganzen Körper zu wandern, mal mehr ausgedehnt, mal mehr konzentriert, z.B. in Schulter. Dabei leichte Nackenschmerzen, welche den Kopf nach vorne ziehen. Wenn er früh aufsteht, vor 11.00 h, dann ist er 2 Tage später erkältet. Klappert dann mit den Zähnen wie Beatboxen. Gelegentliches Körperzucken. Der Hautausschlag wird dann schlechter. Allgemein abends schlechter. Doch frühes Aufstehen ist noch viel schlechter. Die anderen halten mich für dickköpfig, einzelgängerisch, streitbar. Ich laß mir nicht dreinreden. Als Kind war ich hyperaktiv und schwer erziehbar. Ich bin gerne zynisch, das macht mir Spaß. Nach dem Pfeifferschen Drüsenfieber bin ich 8 x mit Ebstein-Barr-Virus geimpft worden.

Ich halte Sepia weiter für angezeigt, doch ist offensichtlich das tuberculine Miasma aktiv und lässt Sepia nicht richtig wirken. Die rezidivierende Erkältungen und die Impfung zeigen deutlich Tuberculinum-bovinum an.

Insofern liegt hier eine miasmatische Komplikation im Sinne von 2 zeitgleichen Totalitäten vor.

Verordnung:

Tuberculinum-bovinum CM (C 100.000)
3 Globuli sofort, nach 2 Wochen repetieren, jeweils (nach Tuberculinum) 3 Tage abwarten und dann
Sepia LM 180
2 x täglich 3 Tropfen auf 1 Esslöffel Wasser, insgesamt weitere 4 Wochen

Tuberculinum hat sehr gut gewirkt. Da war so eine Wolke in meinem Brustbereich – darin das hyperaktive Kind - Mama! Jetzt guck doch mal hin, nu guck doch mal! - Die hat Tuberculinum ausradiert.

Die Trockenheit und das trockene Kratzen im Hals ist auch weg. Die Nackenschmerzen wurden am 2. Tag schlimmer (nach Tuberculinum), dann gingen Sie weg. Ebenso dieses rheumatische Kribbeln, weg. Ich habe nun vielmehr positive Lebensenergie. Nach der 2. Gabe Tuberculinum wurde alles noch deutlich besser und insgesamt ruhiger, bin ich auch ruhiger mit mir selbst. Das Suchen, ja wo nach eigentlich, das ist auch weg. Jetzt erinnere ich mich an die Törn's der ganzen Amphetamine. Aber seit ein paar Tagen geht es nicht mehr weiter. Wie Stillstand. Das kleine hektische Monster ist auf 1 cm Größe geschrumpft und kann nicht mehr tiefer nach innen. Das Gesichtsfeld ist aber nur wenig verändert, Sepia geht da zwar rein, aber es bessert nicht richtig oder dauerhaft. So Wolken, so dreckige Anhäufungen sind auch an anderen Stellen, besonders dort wo die Hautausschläge sind. Das mindert mein Selbstwertgefühl. Diese Wolken wollen mich glauben machen ich sei minderwertig, ein Assi, ein Looser, Diese Wolken machen mir Schuldgefühle.

Dies macht mir Gesellschaft anstrengend. Immer wenn es mir besser geht, z.B. nach Carcinosinum, Tuberculinum usw., dann schafft es diese Wolke,.:!.- dass ich mich wieder scheiße fühle. Das ist erst seit den Drogen so. Die Aphten an den Wangen innen sind besser, aber noch nicht ganz weg. Seit Tuberculinum hab ich auch wieder Heißhunger, oder Appetit, nicht nur auf Junkfood, auch auf richtiges Essen.

Verordnung:

Tuberculinum-bovinum DM (C 500.000)
1 Gabe sofort 24 Std. abwarten, dann
Sepia DM (C 500.000)
1 Gabe

7. Ordination 14.02.2006

Er ist auf dem Weg nach Hamburg, da wollte er kurz in die Praxis kommen, liegt ja am Weg. Alles sei auf gutem Wege, fühle sich so gut wie nie. Verstünde gar nicht mehr weshalb er je gekifft hat, das Tuberculinum ließe ihn noch besser die Welt verstehen. Die Wolken über seinen Hautausschlägen seien deutlich in Schrumpfung begriffen, die Hautausschläge würden jetzt auch in Bewegung geraten, er spüre wie Sepia darin wirken würde. Er wäre jetzt erstmal eine Weile in Hamburg, so bis Sommer. - Ob ich ihm nicht noch ein paar Kügelchen mitgeben könnte.

Gebe ihm 1 Gabe Sepia DM mit der Maßgabe mit, sie erst dann zu nehmen, wenn Stillstand eingetreten sei.

Email 1 0.04.2007

Er schickt mir eine Email, worin er mich erstmals in förmlicher Form anredet, früher nur Hallo oder Hi. :

Sehr geehrter Herr Kirch, da die Homöopathie mir nun so gut geholfen hat, bin ich seit einiger Zeit dabei im Rahmen meiner Möglichkeiten physikalische Experimente (er hat auch Physik studiert) mit homöopathischen Potenzen zu machen. Dabei habe ich mich für Cadmium und Diamant entschieden (die Gründe liegen in der Art des Experimentes). Nun habe ich schon einige Zeit und Geld investiert und wollte mir neulich Diamant C 50.000 aus der Apotheke besorgen. Da sagte man mir, dass speziell diese Potenz von diesem Stoff verschreibungspflichtig ist! Daher meine Frage an Sie: Kann das sein? Wer darf solche Rezepte ausstellen? Mit freundlichen Grüßen.
Ich habe ihn an eine homöopathische Apotheke verwiesen und ihn eingeladen am Edelstein-Seminar von Peter Tumminello im Mai in Torgau teilzunehmen.

Erkältungskrankheiten

In den kälteren Jahreszeiten haben wir alle wieder gehäuft mit Erkältungskrankheiten zu tun: Schnupfen, Husten, grippale Infekte.

Dabei wird meist danach gefragt: … wo und wie habe ich mich angesteckt? … wie kann ich eine mögliche Ansteckung verhindern?

Nun sind dies natürlich die falschen Fragen, da sie weder die Erkrankung erklären helfen (wozu auch? – wäre man durch eine mögliche Erklärung weniger krank?), noch entsprechen solche Fragen dem Wesen und Sinn von Erkrankungen. Da im Übrigen die so genannten Erreger allgegenwärtig sind, einige Menschen erkranken, andere wieder nicht, können also diese Erreger wohl nicht ursächlich für die Erkrankung sein. Entscheidend scheint also die Bereitschaft des betroffenen Menschen zu sein zu erkranken. Diese Bereitschaft leitet sich aus einer Disharmonie zwischen der inneren und äußeren Welt des Menschen ab. Insofern dient jede akute Erkrankung dem Menschen als Möglichkeit diese gestörte Harmonie wieder zu korrigieren, und ist ein positiver, konstruktiver Ansatz mit solchen Erkrankungen umzugehen. Im Gegensatz dazu die destruktive Opferhaltung die sich darin ausdrückt: ich habe mich „angesteckt" usw.

Hier liegt nun der entscheidende Vorteil der homöopathischen Behandlung, gerade auch der Selbstbehandlung in akuten Fällen, dass die Prozesse zur Wiederherstellung der Harmonie zwischen innerer und äußerer Welt sanft, sicher und dauerhaft gefördert werden, ohne die sonst üblichen „Nebenwirkungen" und Verschiebungen der Problematik auf andere Organsysteme, welche langfristig und häufig wiederholt, nach Jahren oft schwerwiegende chronische Leiden nach sich ziehen. So ist z.B. bei akuten Schnupfen zwar der Gebrauch von Schleimhaut abschwellenden Sprays o.ä. im Moment eine scheinbare Erleichterung, doch zeigen sich oft dann neue Symptome in den unteren Atemwegen, später in den Gliedern, welche nicht mehr mit dem ursprünglichen Schnupfen in Zusammenhang gebracht werden.

Weiß man aber, dass ein Schnupfen hauptsächlich die vorher angesammelten Toxine, welche nicht mehr über Niere, Leber, Darm und Haut ausreichend ausgeschieden werden konnten, aus dem Körper schafft, wird man diesen reinigenden Prozess nicht mehr mit Nasensprays o.ä. unterdrücken wollen, sondern in geeigneter Weise unterstützen und begleiten. Je weniger Widerstand wir also unserer inneren, unbewussten Intelligenz entgegenstellen, desto besser und schneller werden unsere Selbstheilungskräfte die gestörte Harmonie zwischen innerer und äußerer Welt wieder herstellen können. Von der körperlichen Seite aus betrachtet, braucht eine Krankheit also immer ein spezifisches Terrain.

Nur dort wo eine Ausscheidungsreaktion notwendig ist, kommt es dann zu einer „Ansteckung“, wird man anfällig für Erkältungskrankheiten auslösende Faktoren wie Kälte, Durchnässung, Wind oder Feuchtigkeit.

Wenn man sich für die homöopathische Behandlung von Erkältungskrankheiten entschieden hat, sollten alle anderen Behandlungsmethoden oder die so genannten Hausmittelchen außen vor gelassen werde.,

Diese würden die homöopathische Behandlung bestenfalls behindern, oft sogar völlig vereiteln. Einerseits verwischen solche Methoden und Mittel das klare Bild der Erkrankung, so dass nicht mehr sicher das ähnlichste homöopathische Arzneimittel gefunden werden kann, andererseits haben diese Mittel meist arzneiliche Kräfte, welche dem homöopathischen Arzneimittel entgegen stehen, es behindern, oft sogar in der Wirkung blockieren oder sogar ganz aufheben. Damit ist niemandem gedient.

Diätetische Unterstützung bei Erkältungskrankheiten.

Grundsätzlich sollte Eiweiße soweit wie möglich gemieden werden, insbesondere die hochkonzentrierten Eiweiße (z.B. Fleisch, Käse, Eier, Hülsenfrüchte, Nüsse). Zwischenmahlzeiten sollte man ausfallen lassen, wenn möglich insgesamt weniger Essen als sonst.

Die Verdauungsarbeit kostet viel Kraft, welche dem Körper bei der Wiederherstellung der Gesundheit fehlt.

Ist die Absonderung z. B. aus der Nase sehr stark, ist anzuraten den Genuss von Teigwaren oder Getreideprodukten deutlich einzuschränken (z.B. Brot, Nudeln). Dagegen darf Reis und Gerste genommen werden.

Es ist darauf zu achten, dass ausreichend getrunken wird (z.B. Brottrunk, Reistrunk, Früchtetee, Suppen, levitiertes Wasser) um die Ausscheidung zu unterstützen. Frisches Obst, Salat und Gemüse in ausreichendem Maße sind zu empfehlen, bes. auch frischgepresste Obstsäfte. Milch - und Sauermilchprodukte bes. Buttermilch (auch Schwedentrunk) sollten bei Schnupfen in Verbindung mit Husten nicht genommen werden, da diese die Bronchien – und Lungensymptomatik deutlich verschlimmern. Dies gilt ebenso bei feuchtem Wetter oder Regen.

Vorbeugende Maßnahmen bei Erkältungskrankheiten

Eine wirksame Prophylaxe bei Erkältungskrankheiten in den Übergangsjahreszeiten (bevor man tatsächlich erkrankt ist) ist die Einnahme einer Doppelgabe (2 Kügelchen lutschen, 15 Minuten später weitere 2 Kügelchen) Influencinum C 200, diese vorbeugende homöopathische Arznei hat eine Wirkungsdauer von bis zu 6 Monaten.

Wenn man durchnässt ist, oder durchgefroren stellt sich meist ein Verlangen nach heißen Getränken und einem heißen Bad ein. Dies ist natürlich und gesund. Allerdings ist die Reihenfolge dieser Maßnahmen wichtig: erst das heiße Getränk, dann das heiße Bad.

Würde es umgekehrt sein, so würde sich die Körperwärme zu stark an der Körperoberfläche konzentrieren und eher die folgende Erkrankung befördern als verhindern. Also, wichtig ist den Körper von innen nach außen zu erwärmen.

Eine weitere sehr gute Möglichkeit ist, falls noch keine Krankheitszeichen aufgetreten sind, die Einnahme von Camphora Urtinktur (auch D1 oder D 2 bis max. D 6), etwa 5 Tropfen auf Würfelzucker oder ein Glas Wasser.

Ist man durchgefroren und steif vor Kälte, dabei erschöpft und müde hilft heißer, schwarzer Kaffee (z.B. verlängerter Espresso) vorzüglich – immer vorausgesetzt, dass sich noch keine Erkältungszeichen gezeigt haben.

Grundsätzlich ist die regelmäßige Nasenspülung ohne Druck mit einer leichten, nichtbrennend auf die Schleimhaut wirkenden, körperwarmen Salzlösung zu empfehlen. So wie man sich die Zähne putzt, so sollte man auch täglich die Nasespülen. Natürlich ist dies bei Schnupfen noch mehr anzuraten. >>> siehe Nasenatmung <<<

Dosis, Dosierung und Verabreichung der Arzneimittel

In allen Fällen empfehle ich 2 – 3 Kügelchen (Dosis, 1 Gabe) des notwendigen Mittels in 1 Glas Wasser zu lösen (Dosierung), je nach Bedarf (Stärke der Beschwerden) von diesem Glas in Abständen von 15 Minuten bis 2 Stunden, je 1 Teelöffel geben (Verabreichung). Unbedingt vor jedem Teelöffel die Lösung kurz aber kräftig umrühren. In dem Maße wie dann Besserung eintritt, sind die Abstände zwischen den einzelnen Teelöffeln zu vergrößern, bis hin zum Absetzen.

Tritt Stillstand in der Befindensveränderung ein, oder zeigt sich ein deutlich verändertes Symptombild, so ist ein passenderes Mittel zu suchen. Ist das Symptombild nicht klar, so muss abgewartet werden bis sich ein klares Bild zeigt.

Hinweis

Entsprechend den beschriebenen Arzneien habe ich verschiedene Arzneimittelsätze entwickelt: für den üblichen Hausgebrauch „Die kleine Hausapotheke“.

Diese Arzneimittelsätze bestehen aus 2 Gramm Glasröhrchen Globuli (Kügelchen) der Potenzstufe C 200. Die Sätze können vollständig, aber auch jedes Mittel daraus einzeln erworben werden. Sie sind sehr praktisch, man hat immer das notwendige Mittel zur Hand, auch unterwegs auf Reisen.

Der akute Schnupfen

Es ist völlig normal in den Übergangsjahreszeiten bis zu zweimal an Schnupfen zu erkranken. Wie bereits oben erwähnt ist dies eine natürliche Ausscheidungsreaktion. Der Volksmund sagt, dass ein Schnupfen eine Woche ohne Behandlung steht und sieben Tage mit Behandlung. Dies sieht bei einer korrekten homöopathischen Behandlung ganz anders aus.

Die Ausscheidung wird sanft und sicher befördert, nicht nur im Bereich der Nase, sondern insgesamt, so dass die Harmonie aller Ausscheidungsorgane wieder hergestellt und nicht nur der Toxinüberschuss beseitigt wird. Der Schnupfen verläuft so in der Regel wesentlich kürzer, zumindest aber deutlich weniger beschwerlich.

Behandlung

Plötzlicher, heftiger Schnupfen, bei kalt-trockenem Winterwetter, durch Wind ausgelöst (bes. Ostwind), der ganze Nasenbereich fühlt sich heiß an, heftiges Niesen, heißes Nasensekret läuft wie Wasser aus der Nase, in geschlossenen Räumen schlechter, draußen besser.

Eventuell kommen starke Kopfschmerzen hinzu, dabei wird der Patient äußerst unruhig, mag nicht reden, wird schlaflos und wehleidig, so dass auch andere keine Ruhe mehr finden, schließlich wird der ganze Körper heiß oder hohes Fieber tritt auf. Die Absonderung ist durch kalte Luft unterdrückt worden. Dieser Zustand verlangt nach Aconitum (Sturmhut), es wird die Absonderung wieder in Gang bringen und den Katarrh rasch ausheilen.

Zu oft werden routinemäßig bei Schnupfen homöopathische Mittel gegeben, ohne dass die Entwicklung des eigentlichen Symptombildes abgewartet wurde, oder weil es doch eine bewährte Indikation sei, ohne dass das Symptombild wirklich mit dem Arzneimittelbild korrekt verglichen wurde. Dies ist z. B. bei Allium-cepa, der gemeinen Küchenzwiebel häufig der Fall.

Solches Vorgehen kann aber Lungenkomplikationen nach sich ziehen, d.h. der Schnupfen schlägt dann auf die Lungen. Hier ist dann Phosphorus angezeigt, nicht routinemäßig, sondern weil sich in der Regel ein Phosphor - Zustand entwickelt.

Der Allium- cepa - Zustand dürfte allgemein geläufig sein, entspricht er doch dem Zustand beim Schneiden einer rohen Küchenzwiebel: Augentränen, die Nase läuft und wird wund (scharfes Nasensekret), später Kopfschmerz, warme Räume verschlechtern, draußen deutliche Besserung.

Es kitzelt ständig in der Nase, wie von einer Feder, allgemein fühlt sich der Patient äußerst elend, Niesen bringt keine Erleichterung, davon wird es eigentlich noch schlechter.

Die Nase ist verstopft und dennoch läuft ständig ein wundmachendes, wässriges Sekret. Völlig verfroren möchte er nur Warmes trinken, in der warmen Badewanne sitzen oder dick warm eingepackt sein. Zunehmende Reizbarkeit und Schlaflosigkeit kennzeichnen diesen Patienten, welcher in Arsenicum-album sein Heilmittel findet.

Nachdem das Kind draußen bei kaltem Wetter gespielt hatte, schwillt zu Hause die Nase rot an, ist heiß und schmerzhaft, bes. die Nasenspitze brennt und ist sehr empfindlich. Aus nur einem Nasenloch fließt reichlich Sekret, das später auch mit Stockschnupfen alternieren kann. Auch nach dem Haarewaschen ohne die Haare gründlich zu trocknen, selbst nach dem Haareschneiden ohne danach den Kopf vor Kälte zu schützen, kann dieser Zustand auftreten. Hier wäre Belladonna das Mittel der Wahl.

Bei kaltem, feuchten Wetter, bes. beim Temperaturwechsel von warm auf feucht-kalt tritt der Schnupfen von Dulcamara auf. Oft weil, der Patient sich auf eine taufeuchte Wiese gesetzt hat, oder in feuchter Meeresluft, bei Schnee oder Regen draußen war. Es ist ein Stockschnupfen, welcher durch kalte Luft verschlimmert wird. Ungehalten darüber sich einen Schnupfen geholt zu haben, möchte der ungeduldige Patient schnellstens genesen.

Bei Motorrad- oder Skifahrern findet man häufig, die durch den Wind gereizten, blutunterlaufenen Augen. Dies ist charakteristisch für Euphrasia. Im Gegensatz zu Allium-cepa ist der Tränenfluss scharf, das Nasensekret mild.

In einem milden Winter oder im Frühling, wenn die Luftfeuchte noch hoch ist, finden wir den Schnupfen von Gelsemium. Ein richtig ätzender Fließschnupfen (vergl. Aconitum, heißes Nasensekret), der die innere Nase wund macht. Schwer und müde, nicht mehr fähig sich zu konzentrieren, benommen liegt der Patient im Bett.

Auffällig ist seine völlige Durstlosigkeit, oft begleitet von Kopfschmerzen.

Sehr langsam, bei kaltem, trockenem Wetter entwickelt sich der Schnupfen von Hepar-sulfuris. Die geringste Kälte oder der geringste Luftzug lösen heftige Niesanfälle aus.- Selbst wenn eine Hand oder ein Fuß unter der Bettdecke hervor lugt. Anfangs ist das Nasensekret wässrig und reichlich, dann wird es zunehmend dicker und gelblich, bis es schließlich wie alter Käse riecht. Im Vergleich zu Aconitum geht es Hepar-sulfuris drinnen oder im Bett besser.

Ist das Nasensekret dick, gelb bis grün, zäh, fadenziehend denken wir an Kalium-bichromicum. Wie Gummi lässt sich die eitrige, an den Naseninnenwänden klebende Absonderung in langen Fäden aus der Nase ziehen. Die Nasenknochen sind drückend schmerzhaft, bes. an der Nasenwurzel besteht oft ein starkes Druckschmerzgefühl.

Diese Art Schnupfen finden wir meist in den Übergangsjahreszeiten, bes. bei kräftig gebauten Leuten, welche gerne dunkles Bier trinken, leicht erhitzen, deshalb zu leicht bekleidet rausgehen und sich verkühlen.

Hat der Patient milde, dicke gelb bis gelb-grünliche Absonderung, braucht er viel frische Luft und abends geht es ihm schlechter, dann ist Kalium- sulfuricum angezeigt. Völlige Abneigung besteht gegen alles Warme oder Heiße (Wetter, Zimmer, Speisen, Getränke). Dagegen hat er dauernden großen Durst auf kalte Getränke (im Gegensatz zu Pulsatilla). Das Sekret ist eher übel riechend. Die Zunge ist mit gelbem Schleim belegt (Pulsatilla weiß belegt).

Beginnt der Schnupfen mit einer ätzenden Absonderung, welche die Oberlippe wund macht und rasch in einen Stockschnupfen übergeht, so denken wir sofort an Lycopodium. Das Gesicht verspannt sich ebenso zusehends, wie die Naseflügel sich fächerartig bewegen. Die Nase verstopft immer mehr, bes. an der Nasenwurzel wird dies gespürt. Sobald sich der Kranke hinlegt, geht die Nase völlig zu, so dass nur noch Mundatmung möglich ist. Eitrig-gelbe Absonderung sammelt sich an, oft bilden sich auch elastische Schleimpfropfen in der Nase. Aufstehen und Umhergehen bessern ein wenig. Der Schnupfen ist meist begleitet von dumpfen oder hämmernden Schmerzen zwischen den Augen, in der Stirnmitte oder Stirn. Verlangen besteht nach warmen Getränken und Essen, welches bessert.

Neben Nux-vomica ist Lycopodium das einzigste Mittel für das Schniefen der Kleinkinder.

Wenn Geruchs- und Geschmackssinn verloren gehen, man von einem heftigen Niesanfall fast nahtlos in den nächsten rutscht, riesige Mengen eiweißartiges Sekret abgesondert werden, dann ist Natrium-muriaticum angezeigt.

Manchmal wechselt der Zustand auch mit Stockschnupfen ab, ebenso wie Fieberbläschen an den Nasenflügeln und um die Lippen herum entstehen können.

Vom vielen Naseschnäuzen werden die Nasenflügel wund (nicht durch das Sekret).

Der Schnupfen entsteht meist bei Temperaturwechsel von kalt auf warm-trocken

Ebenso verfroren wie Hepar-sulfuris ist Nux-vomica. Kaum dass er sich der Kälte irgendwie ausgesetzt hat, so ist er gleich verschnupft oder erkältet. Besonders sein Kopf ist empfindlich.

Trocken und verstopft ist die Nase, sobald er sich hinlegt kriegt er kaum noch Luft. Im warmen Räumen geht der Stockschnupfen in Fließschnupfen über, bes. morgens ist der Fließschnupfen.

Das Sekret ist wässrig bis klarschleimig. Oft sind die Nasenlöcher abwechselnd verstopft, mal links, mal rechts. Nux-vomica ist äußerst reizbar, will in Ruhe gelassen werden, am liebsten hinter dem warmen Ofen hocken.

Manchmal hilft ein warmes Fußbad die Erkältung zu verhüten, aber ist sein Kopf irgendwie von Kälte oder Nässe betroffen gewesen, so hilft dies auch nicht. Das gleiche gilt für warme oder heiße Getränke, welche er gerne nimmt. Nux-vomica ist der „Macher", der eigentlich keine Zeit fürs Kranksein hat. So tendiert auch zu rabiaten unterdrückenden Maßnahmen, Hauptsache wieder schnell fit, was auf Dauer natürlich nicht geht und seine Reizbarkeit weiter steigert. Wie bereits erwähnt, ist es eins der beiden Mittel für das Schniefen der Kleinkinder.

Ein weiteres Mittel, welches gerne Schnupfen beim Temperaturwechsel von kalt auf warm-trocken entwickelt ist Pulsatilla. Vom milden, sanften Wesen ist nicht nur sein Gemüt, sondern auch die Absonderung aus der Nase. Es besteht ein Gefühl von zunehmender Nasenverstopfung, welche nachts am schlimmsten ist, aber den Schlaf an sich nicht behindert. Morgen fließen große Mengen dicken Sekrets ab, anfangs weißlich, später gelb, gelb-grün bis grün. Auffällig ist die starke Appetit- und Durstlosigkeit, sowie der Verlust des Geschmacks- und Geruchssinns wie bei Natrium-muriaticum.

Wärme verschlechtert, frische Luft wird hingegen immer verlangt und bessert. Dies ist besonders bei Kindern deutlich, dic, solange sie draußen spielen kaum Beschwerden haben, sobald sie aber ins Haus kommen starke Symptome zeigen. Pulsatilla-Kranke sind extrem empfänglich für Trost und Beistand, erwarten dies im Stillen auch sehnlichst. Trost und Beistand bessern alle Symptome.

Auf alle Arten von Kälte, Feuchtigkeit, Durchnässung, sogar Nebel reagiert der Mensch, welcher Rhus-toxicondendron benötigt. Dabei wird er besorgt, deprimiert und auffällig unruhig, bes. im Dunkeln oder nachts, wo er dann umhergeht, was auch den Schnupfen bessern kann.

Er mag frische Luft, muss aber dabei warm gekleidet oder eingehüllt sein. Auf kalte Getränke besteht ein starkes Verlangen, diese verschlechtern aber, er friert umso mehr danach. Die Nasenspitze ist rot und vom häufigen Naseschnäuzen wund. Die Nase selbst ist geschwollen und trocken.

Rhus-toxicodendron neigt zu häufigen, bes. krampfhaften Niesattacken. Dabei fühlt er seinen Atem in der Nase als brennend heiß.

In vielen Fällen ist der Schnupfen mit Blasen- und Halsentzündungen, Bronchitis, oder Kreuz- und Gliederschmerzen verbunden. Ein warmes Bad bessert die Beschwerden.

Wenn sich ein Schnupfen nach Abkühlung oder Überhitzung des Körpers sich nur langsam entwickelt, mehrere Tage braucht um ein deutliches Bild zu zeigen, dabei aber zunächst kein richtiges Krankheitsgefühl vorhanden ist, so benötigt der Kranke Silicea. Dabei ist auffällig, dass zwar großer Hunger besteht, aber gar kein Appetit, selbst auf die sonst so geliebten Süßigkeiten.

Der Geschmack geht verloren, so wird dann Qualität durch Quantität ersetzt, Mengen von Nahrungsmitteln werden unterschiedslos einverleibt, nach dem Motto „der Hunger treib´s rein“. Die Nasennebenhöhlen werden immer voller, das Sekret ist von Beginn an dick-eitrig, gelb bis grün, fließt aber meist.

In fortgeschritten Stadien tritt auch Stockschnupfen auf, oder Stock- und Fließschnupfen wechseln ab. Nachts ist der Verstopfung am schlimmsten. Stockschnupfen wird dann in der Regel begleitet von drückendem, auch stechendem Schmerz in den Nasennebenhöhlen, Stirnhöhlen oder an der Nasenwurzel. Dumpfe Kopfschmerzen können auch vorhanden sein. Oft steigt der Schnupfen schnell auf die Bronchien und Lungen ab, wobei Husten mit ebenso dick-eitrigem, gelb bis grünem Auswurf vorhanden ist. Am Morgen sind die Ausscheidungen am stärksten. Noch langsamer als der Schnupfen gekommen ist, klingt er ab, oft dauert er bis zu vier Wochen. Wird Silicea verabreicht, so kann der Verlauf auf etwa 1 Woche verkürzt werden.

Ein Schnupfen, welche sich in vielfältigen Symptomen ausdrückt, sich nicht einem der vorgenannten Erscheinungsformen zuordnen lässt, ist in der Regel ein Sulphur – Schnupfen. Ebenso wenig lässt sich bei Sulphur eine Wetterlage als auslösend bestimmen. Meist beginnt er als heftiger Fließschnupfen mit anfänglichem, kurzzeitigem Frösteln. Morgens fließt der Schnupfen stärker, abends stockt er eher. Markant ist das wiederkehrende kurze Einschießen von Hitze ins Gesicht, und die Abneigung gegen warme Räume, obschon im Freien sich der Schnupfen verschlimmert.

Es besteht ein Verlangen nach warmen Speisen, bes. aber nach warmen Getränken. Das Sekret wird als brennend bis ätzend empfunden, ist meist klebrig, und von gelblicher oder grünlicher Farbe. Begleitend können Kopfschmerzen oder Kehlkopfentzündung auftreten.

Sulphur eignet sich auch sehr zur Nachbehandlung, quasi ein unspezifisches Restgeschehen übrig bleibt, 1 Gabe (2 Kügelchen C 200) lutschen. Wenn gleich zu Anfang eines Schnupfens ein unstillbares oder ausgeprägtes Verlangen nach frischem Obst auftaucht, bes. Zitrusfrüchten, oder frischgepressten Obstsäften (Orangen, Zitronen, Kiwis, Ananas, Clementinen, Bananen, usw.), dann ist Tuberculinum-bovinum das Mittel der Wahl.

Dieses Verlangen sollte aber abgegrenzt werden von dem Menschen, welcher gelesen oder gehört hat, dass Vitamin C gut sei bei Erkältungen.

Da Tuberculinum-bovinum eine Nosode ist, sehr tief greifend wirkt, sollte es um Verschlimmerungen zu vermeiden, nicht unter der Potenzstufe C 200 gegeben werden, und auch nur 1 mal täglich 1 Gabe, in der Regel nicht länger als 2 bis 3 Tage, da dann dieser Tuberculinum - Schnupfen ausgeheilt ist.

Die Bedeutung der Nasenatmung

“Die Nase reinigt und befeuchtet die Luft und wärmt sie an, bevor sie in die Lunge gelangt. Diese Aufgaben werden von einer Schleimhaut übernommen, mit der unsere Nase sowie insgesamt unsere Luftwege ausgekleidet sind. Mikroskopisch feine Härchen, die Cilien, transportieren durch rhythmische Bewegungen einen sich ständig erneuernden “Schleimteppich” laufend weiter- und zwar einerseits aus den Bronchien und der Luftröhre, andererseits aus der Nase in Richtung Rachenraum. Von dort gelangt das Sekret, in dem alle eingedrungenen Fremdkörper wie Staub und Bakterien aufgefangen worden sind, in den Magen und wird dort durch Enzyme neutralisiert. In diesen Selbstreinigungsprozess sind ebenfalls die Nasennebenhöhlen mit einbezogen, die durch feine Kanäle mit dem Naseninnenraum verbunden sind. In die Nase münden ebenso der Tränenkanal und der Mittelohrkanal, so dass die Nase also Verbindung zu drei wesentlichen Organen unseres Kopfes hat und damit zu vieren unserer fünf Sinne: Geschmack, Gehör, Sehen und Geruch. Und damit sind wir bei einer weiteren wichtigen Funktion der Nase: In der Höhe der Nasenwurzel tritt der Geruchsnerv aus dem Schädel und mündet mit freien Nervenendigungen in den Nasenraum. Bei der Nasenatmung trifft der Luftstrom auf den Geruchsnerv und stimuliert diesen. Darüber hinaus kommt es über die zahlreichen Rezeptoren zum Geruchsempfinden. Der Geruchsnerv führt direkt zum Hypothalamus und hat damit auch indirekt Kontakt zur Hypophyse, zwei wesentlichen Bereichen des Zwischenhirns, die unsere gefühlsmäßigen Reaktionen und die Funktionen des autonomen (vegetativen) Nervensystems steuern.

Ärzte sagen noch heute häufig, dieser Teil des Nervensystems sei nicht beeinflussbar. Die Yogis jedoch experimentieren damit seit Jahrtausenden und haben das Gegenteil bewiesen. Wesentlich für diese Fähigkeit ist u.a. die Kontrolle des Atemflusses in der Nase durch das Zwerchfell und die gezielte Stimulation des Geruchsnervs. Nasenwäsche - wozu eigentlich? Die

Schleimhaut der inneren Nase hat also eine wichtige Abwehrfunktion gegenüber Fremdkörpern und damit Infektionen zu erfüllen.

Ist das Schleimhautsekret jedoch zu dick, verfestigt oder zu flüssig, kann der sofortige "Abtransport" der eingedrungenen Mikroorganismen nicht mehr ausreichend erfolgen.

Besonders im Rachenraum und dort im Bereich der Mandeln kommt es dann leicht zur Anhäufung von fremden Keimen und dadurch zur Infektion (etwa Halsschmerz oder Mandelentzündung). Ein ebenfalls recht häufig auftretendes Problem sind schmerzhafte Entzündungen der Stirnhöhlen und Nasennebenhöhlen, hervorgerufen durch eine Verklumpung der feinen Verbindungskanäle im Naseninnenraum.

Der freie Luftaustausch ist blockiert, durch Luftabsorption in den Nebenhöhlen kommt es zu einem Unterdruck, wodurch letztlich heftig schmerzende Vereiterungen hervorgerufen werden. Nun wird auch deutlich, warum eine sehr trockene Luft, z.B. in beheizten oder klimatisierten Räumen, uns schnell anfällig für Infektionen der oberen Luftwege werden lässt: Die normale Sekretion der Nasenschleimhaut wird gestört, der Schleimteppich verklumpt und damit ist die Abwehrfunktion nicht mehr gewährleistet.

Die regelmäßige Nasenwäsche hat sich als sehr hilfreich erwiesen bei:

Häufig verstopfter oder "laufender" Nase

Häufigen Erkältungen

Neigung zur Entzündung der Nasennebenhöhlen

Neigung zur Entzündung der oberen Luftwege

Heuschnupfen

Häufig auftretendem Stirnhöhlenkatarrh

Tätigkeiten in staubigen, verschmutzten oder klimatisierten Räumen.

Angetrockneter, verklumpter Schleim wird gelöst bzw. überflüssiger Schleim fortgespült und die Nasenschleimhaut durch regelmäßige, sanfte Stimulation in ihrer Abwehrfunktion unterstützt und gekräftigt.

Hinweise zum Gebrauch des Neti-Kännchens

Vielen Menschen ist es eine unangenehme Vorstellung, salziges Wasser durch ihre Nase fließen zu lassen. Wenn man sich jedoch in Erinnerung ruft, dass der Tränenkanal in den Nasenraum mündet, wird deutlich, dass dies keineswegs eine merkwürdige Angelegenheit ist: Ein kontinuierlicher feiner Strom salziger Tränenflüssigkeit fließt ständig, fast wie eine "natürliche Nasenwäsche", in die Nase hinein. Körperwarmes, leicht gesalzenes Wasser ist also dem inneren Milieu der Nase vollständig angepasst.

Verwenden Sie lauwarmes Wasser und salzen Sie es ganz leicht.

Die für Sie individuell "richtige", d.h. angenehmste Salzmenge kann zwischen einer knappen Messerspitze und einem halben Teelöffel pro Kännchen variieren. Das Wasser in Ihrem Kännchen sollte etwa so schmecken wie Ihre Tränen, d.h. den Salzgehalt Ihrer Schleimhäute haben. Nehmen Sie dazu jodfreies Kochsalz, Emser Salz oder Emser Sole. Zuviel oder zu wenig Salz wird die Schleimhäute reizen.

In einem solchen Fall wiederholen Sie einfach die Nasenspülung mit der für Sie richtigen Menge Salz; die Schleimhäute schwellen dann sofort wieder ab. Bestimmen Sie die Salzmenge nach Ihren individuellen Erfahrungen.

Führen Sie nun den Schnabel des Kännchens leicht in das aktive (d.h. das etwas offenere) Nasenloch ein und neigen Sie den Kopf zur Seite (jedoch zunächst noch nicht nach hinten) und heben Sie das Kännchen, bis das Wasser von selbst durch das andere Nasenloch wieder herausläuft.

Tun Sie dasselbe mit dem anderen Nasenloch.

Atmen Sie dabei ruhig und regelmäßig durch den Mund. Die Nasenscheidewand ist nicht durchgängig bis zur Nasenwurzel ausgebildet, sondern hat oben einen Durchgang in den Rachenraum, so dass hierüber beide Nasenflügel miteinander in Verbindung stehen. Als zweite, weiterführende Möglichkeit legen Sie beim Gießen den Kopf leicht in den Nacken, so dass das Wasser in den Rachen läuft und ausgespuckt werden kann (besonders gut bei Halsschmerz oder als Vorbeugung gegen Infektionen im Hals-Rachenraum).

Auf diese Weise wird die ganze innere Nase von überflüssigem oder verklebtem Schleim gereinigt und das Salzwasser lässt die Schleimhäute abschwellen. Diese Waschung ist angenehm und kann täglich durchgeführt werden, z.B. morgens und abends nach dem Zähneputzen, aber auch öfter nach Bedarf, etwa bei Schnupfen oder Verschmutzung der Nase. Die Nasenwäsche ist eine hervorragende Vorbereitung auf die Meditation. Sollte gelegentlich etwas Wasser in eine der Nebenhöhlen fließen, so ist das nicht weiter problematisch: Halten Sie den Kopf nach unten und drehen Sie ihn zu den Seiten, bis das Wasser wieder abgelaufen ist.

Bei Fenstern in den Nebenhöhlen und bei operativen Eingriffen im Nasenraum sollte allerdings vor der Nasenwaschung der Behandler befragt werden; in allen anderen Fällen ist diese Reinigung unbedenklich zu empfehlen.

“PRANA” - und die zwei Nasenflügel

Die Schleimhaut der Nase hat die Fähigkeit, durch Aufnahme von Blut aufzuschwellen (ähnliches Gewebe befindet sich nur noch in den Geschlechtsorganen). Das hat zur Folge, dass die Nasenlöcher jeweils unterschiedlich frei sind (was nicht verstopft meint), und daher der Luftstrom in ihnen immer wieder anders geführt wird. Je nach Intensität der Atmung streicht die Atemluft mit einer Geschwindigkeit zwischen 30 und 300 km/h (bei heftiger Körperbelastung) über die inneren Nasenmuscheln (Turbinate) und trifft auf den Geruchsnerv.

Entsprechend dem Öffnungszustand bzw. “Aktivität” der beiden Nasenlöcher wird dieser sehr verschiedenartig stimuliert. In der Yoga-Wissenschaft ist seit jeher beobachtet worden, dass beim gesunden Menschen ein regelmäßiger Wechsel in der Nasenlochaktivität festzustellen ist.

Der Zyklus umfasst ungefähr zwei Stunden und führt dazu, dass jeweils das rechte oder das linke Nasenloch etwas freier die Atemluft fließen lässt. Darüber hinaus wird angenommen, dass über die jeweils verschiedenartige Stimulation des Geruchsnervs verschiedene Funktionen des vegetativen Nervensystems angeregt werden.

Ist z.B. das rechte Nasenloch gerade “aktiv”, d.h. das offenere von beiden, so werden bei der Einatmung durch die Nase mehr die vegetativen Prozesse unterstützt, für die der Körper Energie bereitstellen muss; ist aber gerade der linke Nasenflügel etwas offener, so werden mehr die Funktionen im Körper angeregt, die für Ruhe und Erholung sorgen. (Die sympathischen bzw. parasympathischen Funktionen des vegetativen Nervensystems, wie sie die westliche Medizin beschreibt, entsprechen zwar in weiten Teilen diesen Vorstellungen der Yoga-Tradition, sind mit ihnen jedoch nicht deckungsgleich).

So ist es z. B. angezeigt, sich nach dem Essen oder bei Verdauungsschwierigkeiten auf die linke Seite zu legen, denn dadurch öffnet sich das rechte Nasenloch, wodurch wiederum (bei Nasenatmung) der Vagusnerv angeregt und damit die Verdauungstätigkeit unterstützt wird. Diesen Wechsel in der Aktivität des rechten und linken Nasenloches bekommen wir aus Mangel an Sensibilität und innerer Wachsamkeit meist nicht mit. Wir können jedoch den Kontakt zu unseren Körpervorgängen wesentlich intensivieren, wenn wir lernen, so oft es geht über den Tag hinweg unsere Atmung bewusst wahrzunehmen.

Auch die Nasenwäsche oder Nadi Shodanam, welches unten beschrieben ist, sind in dieser Hinsicht sehr hilfreich. Aus der beschriebenen Vielfalt der Aufgaben, welche die Nase zu erfüllen hat, ergibt sich, dass Mundatmung unorganisch ist und den Körper einer erhöhten Belastung aussetzt. Einsetzen von Mundatmung ist oft Kennzeichen einer körperlichen Überlastung bzw. ein Anzeichen für Stress. Insgesamt gilt, dass alle Tätigkeiten (z.B. auch Jogging) so ausgeführt werden sollten, dass die Nasenatmung ausreicht und so die Schutz- und Abwehrfunktionen der Nase vollständig wirken können. Einen Unterschied in der Nasenflügelaktivität kann man selbst sehr einfach feststellen, indem man sanft ein Nasenloch schließt und durch das andere ein- und ausatmet und diesen Vorgang auf der anderen Seite wiederholt. Der Atemstrom wird in der Regel in einem Nasenloch freier fließen. Entsprechend der Yoga-Tradition atmet man durch das aktive Nasenloch Prana (Lebensenergie) ein und durch das passive aus. In einem regelmäßigen Wechsel vertauschen sich aktiver und passiver Nasenflügel.

Dieses Phänomen beruht auf dem wechselnden Fluss von Prana in Ida und Pingala, den Hauptenergiekanälen oder Nadis, die entlang der Wirbelsäule verlaufen. Für die Meditation ist es wünschenswert, diese beiden Energiekanäle gleichmäßig zu aktivieren und dadurch Shushumna zu öffnen (vollständig ausgeglichener Energiefluss in den Nasenflügeln), wodurch ein Zustand der Freude und Harmonie entsteht.

NADI SHODANAM

Es gibt eine Vielzahl von Atemübungen, jede für einen ganz bestimmten Zweck. Nadi Shodanam ist eine einfache Atemübung zur Reinigung der Nadis. Sie sorgt für gleichmäßig wechselnden Atemfluss in den Nasenflügeln und für den ausgeglichenen Energiefluss in den Nadis. Es hat eine entspannende und erholsame Wirkung. Nadi Shodanam sollte man möglichst mindestens zweimal am Tag machen und zusätzlich in Situationen der Belastung und Anspannung.

1. Setzen Sie sich mit geradem Oberkörper, Nacken und Kopf entspannt hin (auf einen Hocker, Stuhl oder mit gekreuzten Beinen auf den Boden). Gestalten Sie Ein- und Ausatmung gleich lang. Zwingen Sie Ihren Atem keinesfalls, atmen Sie langsam, bewusst und entspannt, geräuschlos und fließend. Wenn Sie mit der Zeit etwas Übung haben, verlängern Sie die Dauer von Ein- und Ausatmung.

2. Bringen Sie die Hand hoch zur Nase und knicken dabei Zeige- und Mittelfinger zur Handinnenfläche ein.

Benutzen Sie den Daumen um das rechte, und den Ringfinger, um das linke Nasenloch zuzuhalten.

3. Schließen Sie das passive Nasenloch und atmen Sie vollständig durch das aktive Nasenloch aus.

4. Am Ende der Ausatmung schließen Sie sanft das aktive Nasenloch und atmen durch das passive langsam und vollständig ein. Ein- und Ausatmung sollten gleich lang sein.

5. Wiederholen Sie diesen Zyklus der Ausatmung durch das aktive und der Einatmung durch das passive Nasenloch noch zweimal.

6. Am Ende der dritten Einatmung mit dem passiven Nasenloch atmen Sie vollständig durch das gleiche Nasenloch aus und halten dabei das aktive Nasenloch mit dem Finger geschlossen.

7. Am Ende dieser Ausatmung schließen Sie das passive Nasenloch und atmen durch das aktive ein.

8. Wiederholen Sie diesen Zyklus der Ausatmung durch das passive und der Einatmung durch das aktive Nasenloch noch zwei weitere Male.

9. Zusammenfassend von (3) bis (8) machen Sie also folgendes:

1. ausatmen : aktives Nasenloch
2. einatmen : passives Nasenloch
3. ausatmen : aktives Nasenloch
4. einatmen : passives Nasenloch
5. ausatmen : aktives Nasenloch
6. einatmen : passives Nasenloch
7. ausatmen : passives Nasenloch
8. einatmen : aktives Nasenloch
9. ausatmen : passives Nasenloch
10. einatmen : aktives Nasenloch
11. ausatmen : passives Nasenloch
12. einatmen : aktives Nasenloch

Insgesamt wird sechsmal der Zyklus vollständiger Aus- und Einatmung durchgeführt.

Legen Sie dann Ihre Hände auf die Knie und atmen durch beide Nasenflügel dreimal vollständig ein und aus. Achten Sie darauf, dass die Atmung immer frei und natürlich und nicht angestrengt fließt. Damit ist eine Runde Nadi Shodanam zur Reinigung der Nadis beendet. In der Regel werden drei Runden durchgeführt."

Einblicke in die Homöopathische Notfallmedizin

„Allgemein gilt die homöopathische Behandlung eher für chronische Erkrankungen geeignet"– Dies ist ein landläufiges Vorurteil.

Die Praxis beweist, dass die homöopathische Akut- und Notfallbehandlung eine schnelle, sanfte, sichere und nebenwirkungsfreie Methode ist. Sie ist eine sinnvolle Ergänzung zur üblichen und oft unabdingbaren Notfallmedizin. Gerade für den medizinischen Laien ist sie ein wirksames Instrument Erste-Hilfe zu leisten über die bekannten und notwendigen Erste-Hilfe-Maßnahmen hinaus. Dies heißt aber nicht, dass immer nur die Homöopathie hilft, besonders in hochakuten Notfallsituationen sind Laien überfordert, weil die richtige Einschätzung der Situation nicht möglich ist. So ist hier die sofortige Hinzuziehung eines fachkundigen Behandlers / Arztes unabdingbar. Auch wenn Unsicherheit in scheinbar einfachen oder harmlosen Fällen besteht sollte fachliche Hilfe gesucht werden.

Dennoch befähigt richtig angewendete Homöopathie den verletzten Menschen schneller, sanfter und sicherer zur Heilung und ermöglicht oft sogar ein tieferes Verständnis für die hintergründigen Vorgänge im Menschen. In vielen Fällen erübrigen sich durch richtigen Einsatz von homöopathischen Arzneien und Methoden konventionelle Anwendungen, oder notwendige konventionelle Eingriffe werden durch Homöopathika leichter verträglich.

Auch in der Prophylaxe, z.B. vor dem Gang zum Zahnarzt, oder vor Operationen bewährten sich homöopathische Arzneien außerordentlich. Gleiches gilt für die Nachsorge. Ob es sich dabei z.B. um die Nachsorge bei Operationen, Knochenbrüchen oder Geburten handelt, homöopathische Arzneien sind immer einsetzbar. Besonders auch dort, wo die Schulmedizin mit ihren materiellen Medikamenten bestenfalls nur bemänteln kann, meisten sogar unterdrückt um Zeit zu gewinnen, z. B. bei Schocksituationen.

Die richtige homöopathische Arznei hilft verblüffend schnell und sanft, z. B. bei akutem Schock ACONITUM, der blaue Sturmhut.

Bei allen stumpfen, nichtblutenden Traumata, Gehirnerschütterungen, wenn der Patient sich wie zerschlagen oder wie verrenkt fühlt, oder Hilfe mürrisch zurückweist, behauptet er hätte überhaupt nichts, dann ist die Königin der homöopathischen Notfallarzneien gefordert, ARNICA, das Fallkraut. Ebenso ist sie hilfreich vor und nach Zahnbehandlungen, Zähne lassen sich z. B. leichter ziehen, die Wunde schließt sich leicht und schnell, es braucht kein Antibiotikum gegeben werden, da unsere Arnica auch die septische Streuung beherrscht.

Ebenso vor und nach sonstigen Operationen, nach Knochenbrüchen, Verrenkungen, wenn Angst vor dem Geschehenem zurückbleibt, oder nach Geburten, das Fallkraut hat ein weitgestecktes Einsatzfeld. Selbst Blutungen, egal welche, werden von in ihr gestillt. Arnica ist die homöopathische Erste-Hilfe- Arznei.

Bei Muskelkater, Hämatomen (blauen Flecken im 1. Stadium) und bei Jahre zurückliegenden Verletzungen, die seelische und/oder körperliche Folgen hinterlassen haben ist sie unschätzbar. So gehört Arnica wie Aconitum in jede homöopathische Haus- oder Notfallapotheke, und ist in jedem Notfall meist als Erstes zu geben.

Als hilfreich, wenn auch nicht so deutlich wirkend wie Arnica, hat sich bei allen Notfällen und Verletzungen eine Bachblütenmischung, die RESCUE-TROPFEN (Notfall-Tropfen) als innerliche Anwendung erwiesen, zur äußerlichen Anwendung als Rescue-Creme erhältlich.

LEDUM, der Sumpfrost, wichtig bei allen Stich- und Bissverletzungen, beim blauen Auge, (Hämatomen im 2. Stadium) oder zur Tetanusprophylaxe (aber nicht ohne fachlichen Rat anwenden) gehört ebenfalls in die Haus- oder Notfallapotheke.

Ebenso CALENDULA, die Ringelblume, als innerlich anwendbare Arznei wie als Calendula-Essenz zur äußerlichen Anwendung. Mit verdünnter Calendula-Essenz (1:10 mit Wasser) lassen sich alle offenen Wunden wunderbar reinigen, ohne dass die Wundränder, wie bei Gebrauch von üblichen Desinfektionsmittel, verätzt werden und dadurch die Heilung verzögert wird. Mit verdünnter Calendula-Essens getränkte Kompressen sind zur Blutstillung und Schmerzlinderung bei allen Schürf-, Schnitt-, Riss-, Biss-, Stich- und Platzwunden das Mittel der Wahl.

Zusätzlich verstärkt die innerliche Anwendung von Calendula die Blutstillung und Schmerzlinderung. Die immer sehr schmerzhaften Folgen eines Dammschnittes oder –risses sind durch Calendula innerlich und äußerlich angewendet schnellstens behoben.

Bei nichtblutenden Stich- oder Bisswunden ist die Infektionsgefahr deutlich erhöht. Deshalb sollte als Sofortmaßnahme das umliegende Gewebe sofort massiert werden, damit es möglichst zu einer geringen Blutung kommt und die Wunde mit verdünnter ECHINACEA-Urtinktur gereinigt werden, diese hat besondere antiseptische Kraft, zusätzlich unbedingt sofort Ledum innerlich geben und fachliche Hilfe holen.

VERBRÜHUNGEN und VERBRENNUNGEN: hier wird landläufig immer noch der Mythos aufrechterhalten, dass die betroffenen Stellen mit Wasser o. ä. gekühlt werden sollen. Dies ist völlig falsch! Zwar kommt es im ersten Moment zu einer Linderung des Schmerzes, doch schon kurze Zeit nach dem Kühlvorgang kehrt der Schmerz umso heftiger wieder.

Durch das Kühlen werden die Selbstheilungsmechanismen beeinträchtigt, es kommt zur Blasenbildung und damit erhöht sich auch das Infektionsrisiko. Insbesondere dann, wenn diese Blasen dann auch noch manuell bearbeitet oder eröffnet werden.

Leichte bis mittlere Verbrennungen oder Verbrühungen sollten mit warmem Wasser zunächst behandelt werden, zwar ist der Schmerz dann zunächst etwas stärker, lässt dann aber nachfolgend deutlich und dauerhaft nach. Das Risiko der Blasenbildung wird minimiert.

Weitaus besser ist es jedoch, solche Verletzungen sofort mit APFELESSIG zu behandeln. Hier wird die Blasenbildung meist völlig vermieden, weitere therapeutische Maßnahmen werden in der Regel nicht nötig sein. Steht kein Apfelessig zur Verfügung, so nimmt man einen anderen Essig, oder erwärmtes Speiseöl (Olivenöl, Sonnenblumenöl o. ä.). Bei schwereren Verbrennungen oder Verbrühungen ist meist ein homöopathischer Behandler nötig um z.B. eine passende Arznei zu finden, welche dann eingenommen wird.

Neben der u. U. nötigen manuellen Wundreinigung, sollte die Verletzung nur wenn unumgänglich mit warmem Wasser gespült werden (ohne z. B. chemische Desinfektionsmittel, welche das Problem nur verschlimmern). Dann wird einer PASTE aus kaltgepressten Oliven- oder Sonnenblumenöl mit BAUMWOLLASCHE hergestellt und leicht erwärmt aufgetragen. Diese schwarze Schicht schützt die Verletzung optimal und lässt sie verhältnismäßig schnell und komplikationslos abheilen. Das Aufbringen der Paste wird nach Bedarf wiederholt, sie fällt im Verlauf des Heilungsprozesses von alleine ab (sollte also nicht abgewaschen werden). Die so, neben der innerlichen Behandlung, behandelte Verletzung vernarbt deutlich weniger, oft fast gar nicht im Verhältnis zu konventionell behandelten (z. B. mit Eihaut o. a.), Hauttransplantationen werden signifikant weniger nötig sein.

Dieser kleine ausschnitthafte Einblick in die homöopathische Notfallmedizin ist keine konkrete Behandlungsrichtlinie, sondern möchte die Aufmerksamkeit auf Alternativen und Ergänzungen zur konventionellen Notfallmedizin lenken. In diesem Sinne sind sicher homöopathische Heilpraktiker und Ärzte gerne bereit Hilfe und Unterstützung zu gewähren.

Fall aus der Praxis

Junge, geb. 01/1994, 1 jüngerer Bruder
Mutter, verheiratet, geb. 02/1964

1. Ordination 27.01.2007 wg. schwerer Commotio cerebri

Kurz nach Mittag Anruf der Mutter, Sohn sei in einem Erlebnisbad von der Rutsche gestürzt, offensichtlich auf den Kopf, der er für einige Minuten wohl bewusstlos war.
Mutter hat kleine homöopathische Notfallapotheke in C 200 dabei. Soll ihm sofort Arnica geben, 3 Gaben im Abstand von je 10 Minuten. Notarzt rufen oder sofort mit Sohn ins Krankenhaus fahren, wenn dies möglich ist, da sie neurologische Ausfallserscheinungen beschreibt.
Mutter steht offensichtlich selbst unter Schock, da sie sehr aufgeregt spricht. Sie selbst soll Aconitum nehmen, 3 Gaben im Abstand von je 10 Minuten.
2 Std. später wieder Anruf, sind im Krankenhaus
Sohn hat keinen Schädelbruch, aber alle Anzeichen einer schweren Gehirnerschütterung, eine riesige Beule rechts am Hinterkopf, ihm ist übel, hat bisher 2 x Erbrochen, Ärzte wollen ihn da behalten, das will Mutter aber nicht, bittet mich vorbei zu kommen.

Fahre ins Krankenhaus, der Junge sieht wirklich nicht gut auf, leichenblass, hängende Augenlider, dabei schielender Blick, Mißempfindungen in den Gliedmaßen, schleppende und undeutliche Sprache. Ärzte sind kooperativ, sagen sie könnten außer Ruhigstellen und Beobachten z.Zt. auch nichts weiter tun. Mutter ist immer noch sehr aufgeregt, zittert, weiß nicht was sie tun soll, nur dass sie nicht im Krankenhaus bleiben will. Der jüngere Bruder (11 Jahre) und 2 Klassenkameraden sind auch da, hatten einen gemeinsamen Ausflug gemacht. Ich rufe die Eltern der anderen Jungs an, sollen ihre Kinder abholen.

Verordnung:

Sohn
Arnica XM, 1 Doppelgabe (3 Glob. n. 10 Min. weitere 3 Glob.)

Mutter
Aconitum XM, 1 Doppelgabe

Nach einer ¼ Stunde hat sich die Mutter beruhigt, kann wieder völlig klar denken und handeln.
Dem Sohn geht es auch etwas besser, ist nicht mehr so blass, die Sprache wird etwas besser, die Augen öffnen sich etwas.

Nach einer weiteren Stunde fährt die Mutter mit beiden Kindern auf eigene Verantwortung nach Hause. Vorher gebe ich dem Sohn noch 1 Gabe Arnica XM. Der Mutter gebe ich auch ein kleines Briefchen mit Arnica XM mit. Soll dem Sohn morgen noch 1 Gabe geben, anrufen falls der Zustand sich wieder verändern sollte. Ansonsten dafür sorgen, dass Sohn möglichst ruhig bleibt, kein TV u.ä., nur Frisches isst und trinkt (Obst, Gemüse, Saft, Wasser).

2. Ordination Hausbesuch 29.01.2007

Dem Sohn geht es besser, die Kopfschmerzen haben deutlich nachgelassen, er hat wieder eine normale Gesichtsfarbe, Augen sind wieder normal, er hat aber immer noch Mißempfindungen in den Gliedmaßen und ein Hautkribbeln. Gestern, Sonntag, hat er noch 2 x Erbrochen, seither nicht mehr. Jetzt sei die Übelkeit fast ganz weg.

Verordnung:

Arnica XM (10.000)
weitere 3 Tage je 1 Gabe weiter Ruhe usw., sobald wie möglich mit Sohn zum Kinderarzt, wg. Kontrolle, Attest Schule und Sportbefreiung

3. Ordination tel. 02.02.2007

War heute bei Kinderärztin. Sohn geht es deutlich besser, keine Übelkeit, keine Mißempfindungen mehr. Selbst die große Beule am Kopf sei schon fast ganz weg. Kopfschmerz hat er keinen mehr, nur bei Bewegung im Kopf Gefühl als sei Kopf zu klein, würde Gehirn an Schädel anstoßen. Ärztin war erstaunt über den guten Verlauf (macht selbst etwas Homöopathie). Weitere 2 Wochen Schulbefreiung.

Verordnung:

Arnica XM(10.000)
3 Gaben im Abstand von je 2 Tagen

4. Ordination tel. 09.02.2007

Sohn geht es soweit gut. Hat anscheinend keine Probleme mehr. Auch bei Bewegung keine Empfindungen im Kopf. Spielt wieder mit anderen Kindern. Heute auch wieder bei Kinderärztin gewesen, alles o.B., nur weitere Woche Schulbefreiung und 4 Wochen Sportbefreiung.

Verordnung:

Kein Mittel, nur beobachten und vorsichtig sein, möglichst weiter kein TV o.ä.
5. Ordination 19.02.2007

Mutter kommt mit Sohn, da er so einen rotfleckigen Hals hat.
Der gesamte äußere Hals ist wie eine Landkarte gerötet, zwischen Kinn und Sternum, also der gesamte Bereich C3 außer der Haut direkt über der Halswirbelsäule. Es juckt sehr, fühlt sich trocken an und spannt.
Das sei so seit einigen Tagen. Die Mutter hatte Calendula Wundsalbe darauf geschmiert ohne eine Reaktion.

Dabei ist zu sagen, dass der Sohn von seinem 1. Lebensmonat bis kurz vor der Einschulung an schwerer Neurodermitis litt, welche unter homöopathischer Behandlung ab dem 11. Lebensmonat verschwand.
Seither war er diesbezüglich Beschwerdefrei, brauchte auch keinerlei Diät mehr.

Verordnung:

Carcinosinum CM (100.000)
1 Gabe, dann abwarten

Ich denke, dass durch den Sturz die Tendenz zu Neurodermitis wieder ausgelöst wurde (miasmatisch). Tatsächlich war seinerzeit Carcinosinum eins seiner wichtigsten Mittel (neben einigen anderen), man könnte sagen das „Schlüsselmittel“. Daneben ist Carcinosinum natürlich auch angezeigt für Folgen von Kopfverletzungen.

6. Ordination tel. 30.03.2007

Mutter ruft an und berichtet, dass der Hautausschlag am Hals nach 1 Woche völlig verschwunden sei. In der Schule sei den Lehrern aufgefallen, dass er viel konzentrierte mitarbeite (geht auf Gymnasium 7. Klasse), sein „Block“ in Französisch sich scheinbar plötzlich aufgelöst hätte. Auch sei seine mündliche Mitarbeit deutlich besser geworden, zu Hause würde er jetzt auch ohne ihre Aufforderung die Schularbeiten erledigen. Hat alles nachgeholt, was er in den 4 Wochen Kranksein versäumte. Ob wir da nicht noch mal „Nachlegen“ sollten.

Ich rate zum Abwarten, da ja offensichtlich genug in Bewegung geraten ist.
Das findet die Mutter dann auch als in Ordnung.

Ekzematöse Hauterkrankungen, Ekzeme bei Tieren

“Generell erkranken die leichten und kurzhaarigen Tierrassen seltener an Ekzemen als die schweren und langhaarigen. Aber wenn ein Tier der leichten Rassen daran erkrankt, so ist die Behandlung meist schwieriger und langwieriger als bei einem Tier der schweren Rassen.

Die Hauptmittel für die homöopathische Behandlung von ekzematösen Hauterkrankungen bei allen Tieren sind:

Arsenicum-album, Graphites, Natrium-muriaticum, Rhus-toxicodendron, Sulphur und Thuja-occidentalis.

Arsenicum-album

Arsenicum-album passt mehr für die leichten Rassen, z.B. Vollblut-Pferde. Für eher nervöse und leicht erschöpfte, bzw. schwache Tiere, mit trockener Haut, stumpfen Fell, wobei die nächtliche Verschlimmerung aller Symptome ins Auge fällt. Die erkrankten Tiere haben in der Regel großen Durst auf kleine Schlucke Wasser und machen oft einen abgemagerten Eindruck. Arsen ist auch wichtig bei Folgen von Insektenstichen oder nach Schlangenbissen.

Die Haut juckt und brennt sehr stark. Hierbei ist aber zu beachten, dass die Tiere sich nicht scheuern, sondern gegen etwas pressen. Dieses Verhalten weist eher auf einen Brennschmerz hin. Trockene, rissige und schuppende Haut und Ausschläge stehen im Vordergrund.

Die betroffenen Hautpartien können unter Umständen leicht geschwollen oder ödematös sein, es finden sich auch Papeln und Pusteln. Bei entzündlichen Hautvorgängen sind die Exsudate stinkend. Kratzen und Kälte verschlimmert außerordentlich. Die Haut fühlt sich kalt an.

Als Nebeneffekt bei der Arsenbehandlung stellt sich oft eine verbesserte Leistungsfähigkeit des Tieres, besonders der Pferde ein.

Dosierung: 1 x täglich 1 Gabe Arsenicum-album M (C 1.000)
bis es deutlich besser wird.

Graphites

Dieses Mittel ist vor allem hilfreich für ältere Tiere mit schwerem Knochenbau, besonders für Rinder. Dabei hilft es eher weiblichen Tieren, wobei allerdings männliche nicht ausgeschlossen sind. Die Tiere sind von phlegmatischem und stumpfem Temperament bis hin zu Indolenz und neigen zu Übergewicht. Die Haut ist sehr trocken und rau, und das Fell ist stumpf.

Auffällig sind Haarbruch, sowie Rhagaden und Fissuren an der Afterrosette. Häufig liegen Hauterkrankungen innere Störungen zugrunde. Bei männlichen Pferden kann oft eine Schwellung des äußeren Genitalbereiches beobachtet werden. Die erkrankten Hautpartien sondern in der Regel ein honigartiges Sekret ab, können aber auch völlig trocken sein; dann sind die Hautstellen jedoch sehr hart.

Eine Rauheit der Haut besteht besonders in den Gelenkbeugen.

Die Haut ist sehr ungesund, bereits geringste Verletzungen neigen zur Eiterung. Selbst verhärtete Narben oder fibrinöses Gewebe werden unter der homöopathischen Graphites-Behandlung wieder weich.

Dosierung: 1 x täglich eine Gabe Graphites C 30, 10 - 14 Tage, dabei kann es bei nur mäßiger Besserung notwendig sein, 1 Doppelgabe Thuja C 200 über 2 Wochen dazwischenzuschalten, und dann wieder mit Graphites für ca. 2 Wochen 1 x täglich, 1 Gabe fortzufahren.

Natrium-muriaticum

Natrium-muriaticum ist ein bewährtes Mittel, wenn die Schleimhäute trocken sind. Die Tiere, die dem Wesen von Natrium-muriaticum entsprechen, neigen zum Rückzug, möchten alleine sein und sind manchmal auch etwas unleidlich. Die Haut ist fettig, es besteht eine Neigung zu Haarausfall und weißen Schuppen. Ein wichtiges Begleitsymptom ist das vermehrte Absetzen von Urin. Dabei fällt z.B. auf, dass diese Tiere ihren Urin nur ungerne oder gar nicht absetzen, wenn sie sich von Menschen beobachtet fühlen.

Ich hatte einen Hund wegen starken Haarausfalls in Behandlung, bei dem das zuerst verabreichte Mittel, Acidum-phosphoricum, nicht half. Als ich jedoch beobachten konnte, dass der Hund nur urinierte, wenn er sich unbeobachtet fühlte, verabreichte ich eine Doppelgabe Natrium-muriaticum C 200. Der Haarausfall besserte sich innerhalb von zwei Wochen.

Außerdem zog sich der Hund nicht mehr so sehr zurück und suchte vermehrt Kontakt zu Menschen und Artgenossen. Die Natrium-muriaticum-Ausschläge sind meist trocken, jucken und lokalisieren sich besonders in den Gelenkbeugen mit weißlichen Borken oder sind wund, rot und entzündet. Bewegung und Schwitzen verschlimmern die Ausschläge. Das Mittel wirkt besonders auch bei Nesselsucht und auf die Haarfollikel. Natrium-muriaticum ist auch das Hauptmittel für Sommerekzem der Pferde.

Dosierung: 1 x wöchentlich, 1 Gabe Natrium-muriaticum C 200 über 4 Wochen

Rhus-toxicodendron

Es ist ein wichtiges Mittel, wenn sich die Tiere etwas teilnahmslos verhalten und dabei dennoch etwas unruhig sind. Die Haut ist geschwollen und rot, Quaddel- oder Bläschenbildung stehen im Vordergrund. Es besteht extremer Juckreiz. Die regionalen Lymphknoten sind in der Regel geschwollen. Die Ausschläge neigen zur Schuppenbildung und tendieren vor allem zur Eiterung. Rhus-toxicodendron ist ein großes Mittel für alle möglichen Hautaffektionen, welche mit intensivem Juckreiz verbunden sind. Die wahlanzeigende Modalität ist die Steifheit der Tiere, welche bei fortgesetzter Bewegung verschwindet.

An Rhus-toxicodendron ist vor allem auch zu denken, wenn die Hautaffektion durch ein äußeres Agens hervorgerufen wurde, z.B. Kontakt-Ekzem oder bei allergischen Reaktionen auf der Haut. Kälte, Nasswerden, starkes Schwitzen und Ruhe verschlimmern immer sehr deutlich. Dosierung: 1 x täglich, 1 Gabe Rhus-toxicodendron C 30 über 2 Wochen.

Sulphur

Sulphur ist charakterisiert durch nässende, rote Hautekzeme mit außerordentlich starkem Juckreiz. Haut und Fell sehen immer etwas schmutzig aus. Bei manchen Tieren hat man den Eindruck, sie würden den Schmutz regelrecht anziehen.

Auffallend sind die Verschlimmerungsmodalitäten: nachts durch Wärme, tagsüber durch Kälte. Es kann zum Abreißen von Hautfetzen kommen. Sulphur kann bei allen Hauterkrankungen in Frage kommen, jedoch besonders bei solchen, die aus dem akuten Stadium in das chronische übergegangen sind. Typisch für Sulphur sind auch die morgendliche Unruhe und die morgendlichen Durchfälle sowie die Stark geröteten Körperöffnungen. Auffällig ist auch die Scheu vor Wasser und die häufig angetroffene Unleidlichkeit und Widerspenstigkeit der Tiere. Ein weiteres markantes Symptom besteht im plötzlichen Wechseln des Futterbedürfnisses: bislang gerne von den Tieren angenommene Futtermittel werden plötzlich abgelehnt, stattdessen besteht ein Verlangen nach anderen, u.U. bislang abgelehnten Futtermitteln. Eine große Unruhe sowie stinkende, besonders nach faulen Eiern riechende Ausscheidungen sind ebenfalls typisch für Sulphur-Patienten. Sulphur ist ein ausgezeichnetes Zwischenmittel, ähnlich wie das nachfolgend beschriebene Thuja, um bei chronischen Hauterkrankungen mit allopathischen (schulmedizinischen) Mitteln behandelt und unterdrückt wurden, um die Reaktionsfähigkeit für die homöopathische Therapie wieder herzustellen.Als Ausleitungsmittel vollbringt es außergewöhnliche Dienste. Da Sulphur zu allen Arten von Hauterkrankungen, wie überhaupt zu allen Erkrankungen scheinbar passen kann, ist es wichtig, die Indikationen für die Verordnung von Sulphur sorgfältig zu überprüfen und mit den homöopathischen Reaktionen vertraut zu sein. Vor allem ist darauf zu achten, dass Sulphur nie zu lange verabreicht wird, da sonst die Gefahr von Verschlimmerungen gegeben ist. Sulphur eignet sich besonders auch als allgemeines Rekonvaleszenzmittel oder, um eine erfolgreiche Behandlung von ekzematösen Hauterkrankungen zu vollenden.

Dies gilt auch für andere Erkrankungen.

Dosierung: 1 x täglich, 1 Gabe Sulphur D 12 oder C 30 über max. 8 Tage

Als Zwischenmittel: 1 Doppelgabe (5 Globuli, 15 Minuten später weitere 5 Globuli) Sulphur C 30

Als Rekonvaleszenzmittel: 1 Gabe Sulphur C 30

Thuja-occidentalis

Ein etwas süßlicher Geruch der Haut führt uns zu Thuja. Die Haut ist fettig und schmutzig, oft übersät mit Bläschen oder pockenartigen Erhebungen.

Häufig zeigen sich auch Warzen und spitze Kondylome, an den Schleimhäuten Polypen und Papillome. Vermehrtes Schwitzen ist ebenso typisch wie der unangenehm modrige Geruch des Schweißes.

Typisch ist dabei aber die Besserung durch Schwitzen oder andere Absonderungen. Es besteht eine ausgeprägte Entzündungsneigung der Haut. Kälte und Nässe verschlimmern außerordentlich. Juckreiz ist vorhanden, das Fell ist trocken und stumpf. Es zeigen sich besonders nässende und eiternde Flechten. Thuja hat sich außerordentlich bei chronischen Hauterkrankungen bewährt, die von den sonst angezeigten homöopathischen Mitteln nur unzureichend oder gar nicht gebessert wurden. Hier zeigt sich das breite Wirkungsspektrum von Thuja als wertvollem Zwischen- oder "Schlepper"-mittel, besonders dann, wenn durch Impfungen Blockaden für die homöopathische Therapie gesetzt wurden. Bei Tieren, welche nur schlecht oder gar nicht auf die homöopathische Therapie ansprechen und vorher geimpft worden sind, bringt oft Thuja schnell den entscheidenden Durchbruch. Allerdings sollte Thuja dann nicht unter der 200sten Potenz eingesetzt werden.

Dosierung: 1 x täglich, jeden 2. Tag, 1 Gabe Thuja über 2 Wochen

Als Zwischenmittel: 1 Doppelgabe Thuja C 200

Als Blockademittel bei Impfungen: 1 x wöchentlich, 1 Gabe Thuja C 200 oder M (C 1.000) über 4 Wochen

Insektenstiche und -bisse:

Homöopathische Prophylaxe und Therapie

“Der Frühling mit all seinen Freuden für Mensch und Tier ist da. Doch leider haben gerade im Frühling und Sommer viele Menschen und Tiere unter Stichen oder Bissen von Insekten zu leiden. Da wird vieles versucht um sich vor den Plagegeistern zu schützen. Wenn sie bereits gestochen oder gebissen haben, sind die üblichen Behandlungen der Folgen entweder unzureichend oder übertrieben, oder schädigen den betroffenen Organismus kurzfristig, u. U. sogar langfristig. Die Homöopathie als absolut nebenwirkungsfreie Behandlungsmethode, bietet uns aus dem Schatz ihrer Materia Medica einige bewährte Arzneien als vorbeugenden Schutz vor Insektenbissen und -stichen, wie auch als therapeutische Arkana nach erfolgten Biss oder Stich.

Manche Menschen und Tiere können sich kaum vor den Insekten retten, werden regelrecht von ihnen verfolgt, oder zeigen nach Insektenstichen oder -bissen heftige, in manchen Fällen sogar bedrohlichen Reaktionen, wie z.B. einem anaphylaktischen Schock nach einem Wespenstich. Bei einigen Insektenarten wird eine regelrechte Angst geschürt, die sich aber meist bei genauer Betrachtungsweise nicht begründen lässt. Dies ist z. B. bei Zecken der Fall. Die Impfpropaganda schürt die Angst vor der berüchtigten Zeckenbißfieberencephalitis (FSME) und möchte uns weismachen, dass man ohne die Impfung verantwortungslos ist. Fragt man sich aber wo denn diese bösen, die Zeckenbißfieberencephalitis übertragenden Zecken überhaupt vorkommen, so stellt man fest, dass es in Europa nur zwei begrenzte Gebiete gibt: Masuren und sumpfige Teile im südlichen Österreich. Betrachtet man die Sache noch etwas genauer, so ist das Risiko tatsächlich an Zeckenbißfieberencephalitis zu erkranken um ein vielfaches niedriger, als eine mögliche Schädigung durch die Impfung davon zu tragen, oder an Borreliose (siehe auch unter Borreliose) zu erkranken.

Die Wirksamkeit der FSME - Impfung, wie auch anderer Impfungen ist ohnehin zweifelhaft. Zumindest können die Statistiken und Argumente der Impfbefürworter nicht überzeugen.

Vorbeugender Schutz

Fliegen: häufig werden Menschen und Tiere, wie z.B. Pferde oder Kühe durch verschiedene Arten von Fliegen belästigt. Beispielsweise haben Pferde sehr unter Dasselfliegen zu leiden. Der Volksmund behauptet, dass der "süße" Schweiß die Fliegen anziehe. Caladium-seguinum D 3 ist hier das Mittel der Wahl. Diese Pflanze, zu deutsch Schweigohr oder Dieffenbachs Seguine, stammt aus dem tropischen Südamerika. Bei uns wächst sie als Zimmerpflanze. Zur Herstellung des Mittels werden der frische Wurzelstock, Stängel und Blätter verwendet. Caladium D 3 wird zwei- bis dreimal täglich gegeben, in besonders schwierigen Fällen bis zu fünfmal täglich 3 Tropfen auf 1 Esslöffel Wasser.

Mücken: der Belästigung durch Mücken kann durch die vorbeugende Gabe von Staphisagria D 3, zwei- bis dreimal, in schwierigen Fällen bis zu fünfmal täglich eine Gabe von 3 Tropfen auf 1 Esslöffel Wasser, vorgebeugt werden. Die Erfahrung zeigt, dass einige Menschen und Tiere weniger gut auf Staphisagria ansprechen, diese brauchen dann Berberis- vulgaris D 3 in gleicher Dosierung und Wiederholung.

Zecken: hier hat sich Sulphur C 200, viermal wöchentlich 3 Tropfen oder Globuli über einen Zeitraum von vier Wochen gegeben, bewährt. Zweckmäßiger jedoch erscheint 1 Doppelgabe Zeckenbissfieber – Nosode D / C 200 pro Saison (Doppelgabe = 3 Globuli einnehmen, nach 15 Minuten weitere 3 Globuli).

Flöhe: hier gibt man, in gleicher Weise wie bei Zecken Sulphur, Pulex-irritans C 200.

Läuse: hier gibt man, ebenfalls in gleicher Weise wie vor, Pediculus C 200.

Es ist wichtig die Angaben der Potenz zu beachten, z.B. wirkt, obschon von verschieden Seiten empfohlen, Staphisagria in der D 12 nicht prophylaktisch.

Behandlung von Insektenstichen oder -bissen

Bienen- oder Wespenstiche: hier hat sich Apis C 200 bestens bewährt. Eine Doppelgabe (3 Globuli oder Tropfen, 15 Min. später wiederholen) verordnen, oder eine Gabe (3 Globuli oder Tropfen) in ein Glas Wasser gelöst anwenden. Bei der in einem Glas Wasser gelösten Gabe wird bei Bedarf je ein Teelöffel voll gegeben, in der Regel alle 15 Minuten bis eine deutliche Besserung eintritt. In hoch akuten Zuständen alle fünf Minuten. Dies ist besonders bei z.B. Stichen in Mund und Hals notwendig. Solche Situationen können lebensbedrohlich sein. Die Schwellung wird schnell zurückgehen und der Schmerz ebenso schnell gelindert.

Ist es sicher, dass der Stich, oder die Stiche von einer Wespe, oder einer Hornisse stammen, so ist Vespa-crabro C 200 das Mittel der Wahl. Anwendung wie vor.

Mückenstiche: angezeigt ist hier Staphisagria C 200. Anwendung grundsätzlich wie vor beschrieben. Sollte Staphisagria nicht den gewünschten Effekt haben, so ist Berberis-vulgaris C 200 angezeigt. In Notfällen kann natürlich jede andere Potenz gewählt werden. Dabei ist in der Regel zu beachten, das niedrigere Potenzen öfter wiederholt werden müssen, höhere dagegen weniger oft.

Eventuell sind auch bei höheren Potenzen Mittelreaktionen möglich, deshalb sollten diese nur von erfahrenen Behandlern eingesetzt werden. Äußerlich können, um den Juckreiz an den Stichstellen zu mildern, Staphisagria D 3 Dil. oder Berberis D 3 Dil., 1:10 mit Wasser verdünnt, wiederholt aufgetupft werden. Auch ist es möglich Halicar-Salbe (Cardiospermum/Herzsamen, DHU) gegen den Juckreiz zu verwenden. Kleiner Hinweis: man kann sich selbst auch eine "Bachblüte" herstellen, die Sumpfdotterblume.

Die Blüten in einer Vollmondnacht auf Wasser legen und vom Mond bescheinen lassen. Dieses Wasser ist dann mit der Information “Sumpfdotterblume” imprägniert.

Dieses imprägnierte Wasser mit mind. 20 % Vol. Alkohol haltbar machen und in ein Fläschchen abfüllen. Mit dieser selbsthergestellten “Bachblüte” lässt sich jede Insektenstich- oder -bissstelle betupfen, der Juckreiz lässt schnell spürbar nach. Selbst wenn man in die Brennnesseln geraten ist, hilft dieses Mittel vorzüglich gegen den Juckreiz.

Zeckenbiss: hat sich eine Zecke in der Haut festgesetzt, so muss diese unverzüglich entfernt werden. Dabei ist die Zecke vorsichtig mit den Fingernägeln, einer Pinzette, oder idealer Weise mit einer Zeckenzange zu fassen, und nach links hinauszudrehen. Wichtig ist zu vermeiden, dass die Zecke gequetscht , dadurch Sekret in die Bissstelle gepresst wird, oder dass der Kopf abgerissen wird und in der Haut verbleibt. Sollte dies geschehen, so ist Silicea C 200 vorzüglich geeignet ihn wieder herauszubringen. Die Bissstelle wird mit 1:10 verdünnter Arnica C 30 oder C 200, verdünnter Echinacea – Urtinktur oder Ledum C 30 / C 200 (wie bei Arnica gelöst) wiederholt betupft. Sie heilt so sehr schnell und sicher ab, ohne dass eine Entzündung sich entwickelt, oder starker Juckreiz vorhanden wäre. Hinweis: niemals Arnica Urtinktur auf offene Wunden bringen. Es kann dann zu unschönen entzündlichen, sogar allergischen Reaktionen führen.

Beim ersten Zeckenbiss in einer Saison gebe ich immer eine Doppelgabe Zeckenbissfiebernosode D / C 200 um der gefürchteten Zeckenbißfieberencephalitis vorzubeugen (wirkt auch als Prophylaktikum vor wiederholten Zeckenbissen). Sollte diese nicht zur Hand sein, was in der Regel so ist, so gibt man eine Doppelgabe Ledum C 200 aus gleichem Grund, jedoch nicht häufiger als 2 – 3 x pro Saison.

Ledum ist grundsätzlich ein Mittel, welches eventuelle toxische Reaktionen eines Organismus durch Insektenstiche oder -bisse sehr gut beherrscht, wie es eine sehr gute Tetanusprophylaxe ist.

Kreuzspinnen- und Ameisenbisse: immer eine Doppelgabe Ledum C 200 geben. Treten Quaddeln auf, so ist zunächst immer an Apis C 200 zu denken.

Allgemeines: sollte sich einmal eine Biss- oder Stichstelle dunkelrot bis bläulich verfärben, so ist Lachesis C 200 eine Doppelgabe notwendig (toxische Reaktion), eventuell bei Bedarf wiederholen.

Überhaupt sind generell toxische, insbesondere heute oft allergische Reaktionen auf Insektenstiche oder -bisse möglich. Besonders die empfindlichen Naturen reagieren besonders heftig (Miasmatische Belastung, bes. Tuberculine). Rheumatische Reaktionen können ebenso erscheinen (Miasmatische Belastung, bes. Sykose).

Dabei ist immer eine erhöhte toxische Belastung der Nieren gegeben. In diesen Fällen ist Acidum-formcicum D 12 oder C 30 zusätzlich zum sonst angezeigten Mittel zu geben. Eine bis zwei Gaben täglich, solange bis eine deutliche Besserung eintritt, meist kaum länger als nach drei Tagen.

Kommt es zu besonders heftigen allgemeinen Reaktionen, zu generalisierter Quaddelbildung und unerträglichem Juckreiz, so ist Arsenicum-album C 1000 das Mittel der Wahl. In der Regel eine Gabe täglich über drei Tage.

Fallbeschreibung:

Zehnjähriger Fuchswallach, edles Warmblut, war von Insekten gestochen worden. Das Pferd hatte die ganze Nacht im Stall getobt, so sehr, dass die Tragwände der Hufe stark beschädigt waren und es sich viele Schürfwunden und Prellungen zugezogen hatte. Apis, Staphisagria und Ledum waren von der Halterin bereits ohne Erfolg gegeben worden.

Ich fand den Wallach äußerst unruhig und kaum zu bändigen in der Box vor. Sattellage und Brustkorb waren übersät mit höchst berührungsempfindlichen pfenniggroßen Quaddeln. Es war sehr schwierig überhaupt an das Pferd heranzukommen.

Verordnung:
Eine Doppelgabe Arsenicum-album C 1000 und dreimal täglich eine Gabe Acidum-formicicum C 30.

Der Wallach verbrachte eine ruhige Nacht, der Juckreiz hatte deutlich nachgelassen. Die Quaddeln waren zurückgegangen. Das Pferd ließ sich wieder berühren. Ich verabreichte ihm noch eine Gabe Arsenicum C 1000. Acidum-formicicum C 30 bekam es noch insgesamt fünf Tage lang, täglich eine Gabe. Die Hautverletzungen wurden zweimal täglich dünn mit Calendulasalbe behandelt, die Tragwände mit der Raspel geglättet. Am vierten Tag war der Wallach vollständig wiederhergestellt und ließ sich einwandfrei reiten. "

Fall aus der Praxis

Mädchen, geb. 03/1994, 1 älterer Bruder, 1 jüngerer Bruder

Mutter, verheiratet, geb. 12/1963

1. Ordination 22.08.2003 wg. Läusen und rezidivierende Cystitis

Seit 6 Monaten dauernd Läuse. Schon 5 x mit Goldgeist entlaust. Jetzt schon wieder Läuse. Im letzten Jahr hatte sie auch 2 x Läuse. In den letzten 2 Jahren in der Schule dauernd Läuse, Tochter bringt diese mit. Immer schulmedizinisch (von Arzt) behandelt. Jetzt reicht es der Mutter, obschon Vater nichts von Homöopathie hält.

Als Kleinkind oft Cystitis, jetzt so 2 – 3 x im Jahr. Wurde wegen Hernie an Harnleiter im Alter von 5 Jahren operiert. Harnröhrenausgang war trichterförmig und Blase völlig überdehnt wg. fehlenden Reflex. Erst mit 6 Jahren brauchte sie keine Windeln mehr. Nässt aber immer noch ein wenig, so 1 x im Monat ein, meist in Schule, was ihr sehr peinlich ist.

Sie wurde auch homöopathisch behandelt, mit Platinum C 50, so über 1 Jahr, monatlich 1 Gabe, ohne irgendwelche Besserung. Hat oft hartnäckige Erkältungen. Meist läuft 1 - 2 Wochen die Nase, mag aber nicht Schnupfen, nur Abwischen. Schnarcht und schnieft, bes. nachts, das geht dann so über 3 – 4 Wochen. Mutter gibt dann Nasenspray oder Sinupret. Zur Zeit hat sie wieder laufende Nase. Seit letzten Winter jucken oft die Augen. Oft Kolibakterien in der Blase (Arzt). Hat auch seit dem schmierigen Ausfluss aus der Scheide, der sich nicht richtig abwaschen lässt. Ist relativ schüchtern, macht deshalb seit 1 Jahr Verhaltenstherapie. Zu Hause aber, wenn sie ihren Willen nicht bekommt, sei sie oft launig und dickköpfig. In der Praxis versteckt sie sich anfangs hinter der Mutter, fasst aber zusehends Vertrauen und spielt mit Bausteinen. Ist regelmäßig durchgeimpft: MMR, DPT, Hib und Tine-Test. Keine Kinderkrankheiten. Nach

Geburt hatte Mutter nicht genug Milch, deshalb war Tochter anfangs etwas unterernährt. Bekam deshalb hypoallergene Milch, allerdings ohne Besserung. Mutter ist gegen Pollen und Tierhaare allergisch. Vater und Mutter sind beide Lehrer. Als sie 8 Jahre war, bekam sie an beiden Füßen Fußpilz, der wurde schulmedizinisch behandelt. Gravita und Geburt problemlos, im Krankenhaus. In Gravita war Mutter in Referendarzeit, dabei auch noch Haus gebaut, das war sehr anstrengend, auch für die Kinder. Mittelblonde Haare, blau/graue Augen, schlank, hoch aufgeschossen. Tanzt gerne, bes. mit ihren Puppen. Ist sehr kälteempfindlich, bes. Hände und Füße, mag aber frische Luft. Schwitzt leicht am Kopf und Gesicht. Mag gerne Süßes, so Gummizeugs, Nudeln und Pizza. Völlige Abneigung gegen Fleisch. Öfters Schweißfüße, stinkend wie alter Käse. Mütterliche Familie Alkohol, Krebs, Lungenprobleme, TBC im Krieg. Väterliche Familie Alkohol, Diabetes, Parkinson, Vater hat Blutgerinnungsstörung. Eltern der Mutter wg. Alkohol geschieden (1. Frau), 2. Frau des Vaters der Mutter auch wg. Alkohol geschieden. Mutter ist bei Großeltern aufgewachsen. Als sie 5 Jahre alt war, beging ihr Halbbruder aus 1. Ehe des Vaters, als er zur Mutter sollte als. Mutter hat noch Halbbruder aus 2. Ehe des Vaters, den hat sie ganz doll geliebt, beginnt dabei zu weinen. Als Kind sei sie sehr unglücklich gewesen, weil Vater sich nicht um sie gekümmert hat. Hat noch eine ältere Schwester (aus 1. Ehe des Vaters), die war körperlich sehr unterentwickelt, da drehte sich alles drum, es ging immer nur um ihre Schwester. Ihre Mutter hätte sie regelrecht mit Hass verfolgt, weil sie größer und schwerer als Schwester war. Ihre Großmutter hatte im Krieg Baby zur Pflege, das aber gestorben ist. Großmutter fühlte sich deshalb schuldig, weil sie wg. Hunger die zugeteilte Milch oft selbst getrunken hatte.

Verordnung:

Tochter

Tuberculinum-bovinum M, 1 Gabe, max. 2 weitere Gaben im Abstand von je 1 Woche (Tuberkulinum ist „das Läusemittel“, tuberculines Miasma)

Haare mit „Apfelessigpackung“ (je 15 Min.) 3 – 5 Tage, regelmäßig mit Nissenkamm auskämmen, Bettwäsche etc. wechseln / kochen bis Läuse/-Nissenfreiheit, ca. 2 Wochen

Mutter

Natrium-muriaticum LM 45, täglich ab. 3 Tropfen a. 1 El Wasser, 6 – 8 Wo.

2. Ordination tel. 12.09.2003

Tochter sei jetzt läusefrei, obschon in Schule immer noch Läuse seien. Hat 3. Gabe Tuberculinum-bovinum noch nicht gegeben. 3 Tage nach 1. Gabe Tuberculinum-bovinum M verschwand der Fließschnupfen, das Augenjucken auch. Die Mutter fühlt sich insgesamt leichter, hat mehr Kraft..

Verordnung:

Tochter

Soll 3. Gabe Tuberculinum M nicht mehr geben

Sepia LM 30, täglich ab. 3 Tropfen a. 1 El Wasser, 4 – 6 Wo.

Mutter

weiter mit Natrium-muriaticum LM 45

3. Ordination 17.11.2003

Keine Läuse. Keine Erkältung oder Naselaufen mehr. Hat seit Sepia auch nicht eingenässt. Ausfluss ist auch weg. Füße stinken nicht mehr ganz so doll.
Bis jetzt auch keinen „Bockanfall“ mehr gehabt. Verhaltenstherapeutin sagt, dass sie große Fortschritte mache, wesentlich offener sei. Hat aber noch Probleme Anschluss zu neuen Freundinnen zu finden. Obschon es draußen jetzt kalt ist, friert sie nicht mehr so an Händen und Füßen. Schwitzt, nach leichter Anstrengung, nicht mehr so an Kopf und im Gesicht. Mutter hat Natrium-muriaticum zu Ende genommen. Meint es ginge ihr gut, hätte sie so nicht erwartet. Ihr Mann sei aber gegen eine weitere homöopathische Therapie bei ihr, da sie ja nichts Behandlungsbedürftiges hätte, und dies nur unnötiges Geld kosten würde, bes. da die Beihilfe so gut wie nichts zahlen würde. – (Ich glaube, dass dies nicht der einzige Grund ist, sondern, da die Familie in der Nachbarschaft wohnt, ist ihm das wohl auch zu intim).

Verordnung:

Tochter
Sepia LM 60, tägl. ab. 3 Tropfen a. 1 El Wasser, ca. 8 Wo.

05.03.2004 tel.

Mutter ruft an um sich für Behandlung zu bedanken. Ihre Tochter ginge es sehr gut, selbst die Cystitis sei erstmals im Winter nicht mehr aufgetreten. Auch hätte ihre Tochter keine Erkältung gehabt. Zur Verhaltenstherapie ginge sie jetzt auch nicht mehr, das sei nicht mehr nötig, darüber freue sie sich sehr.

Borreliose, Zeckenstiche

Homöopathische Prophylaxe und Therapie

(Lyme – Krankheit / Lyme – disease)

Beschreibung, Historische Entwicklung, Verbreitung

Etwa seit 25 Jahren ist die Borreliose, als Krankheit nach dem sie begleitendem (nicht verursachendem!) Bakterium Borrelia burgdorferi benannt, im Vormarsch. - Im engl. Sprachraum nach dem Ort Lyme in Connecticut / USA benannt. Dieses Bakterienstadium Borrelia burgdorferi ist dem Bakterienstadium des Syphilis erregenden (begleitenden) Treponema pallidum sehr ähnlich, und lässt sich nicht mit absoluter Sicherheit über die Antikörper im Blut (Antikörpertiter) nachweisen.

Ursprünglich unter Hunden in den USA weit verbreitet, hat die Krankheit auf die mit Hunden zunehmend vergesellschaftet lebenden Menschen übergegriffen. Der Holzbock, die Zecke Ixodes rizinus (USA Ixodes dammini), welche schon immer in Wald, Feld und Garten vorkommt, spielt als Überträger des Bakteriums eine Schlüsselrolle. Landläufig wurde angenommen, dass die Zecke auf Bäumen säße und sich auf vorübergehende Warmblüter (Menschen / Tiere) fallen ließe, dies ist falsch. Zecken sitzen auch auf Gräsern, Sträuchern usw.

Biologen erklären die Zunahme der Zeckenbisse damit, dass durch mildere Winter die meisten Zecken nicht wie früher erfrieren würden.

Dies ist jedoch ein höchst fadenscheiniger Erklärungsversuch: erstens hat es immer Perioden von wärmeren Wintern gegeben, ohne dass es zu signifikanten Veränderungen in der Erkrankungshäufigkeit gekommen ist, zweitens erklärt dies überhaupt nicht die Zunahme der durchschnittlichen Durchseuchung der Zecken mit Borrelien von 1 - 2 % der gesamten Population in den letzten 20 Jahren auf über 30 %.

Viel interessanter ist aber die Beobachtung von Edward C. Whitmont, dass in den USA Borreliose nur verstärkt am Rande von menschlichen Siedlungsräumen auftritt, überhaupt nicht in den Zentren dieser Räume, oder in extrem dünn besiedelten Gebieten. Genau diese Beobachtung fand ich in Berlin und Brandenburg unzweifelhaft bestätigt. Insbesonders seit 1999 treten hier am Rande von Berlin, oder am Rande von größeren Siedlungen in Brandenburg, auffällig gehäuft Borrelioseerkrankungen auf. Bemerkenswert dabei ist, dass Menschen welche sich hauptsächlich im inneren Stadtgebiet von Berlin aufhalten, obschon auch von Zecken befallen, nicht erkranken. Ebenso Menschen auf dem "platten Land" in Brandenburg scheinbar "resistent" gegenüber Borreliose sind, obschon sie mir schilderten oft von Zecken befallen zu werden. Der Kollege Dr. Peter Alex hat in Sachsen die gleiche Beobachtung gemacht.

Es scheint ein Problem des "Grenzraumes" zwischen Kultur und Natur zu sein, also im Übergang zwischen beiden scheint sich ein "Milieu" für Borreliose entwickelt zu haben. Es ist ein Raum, wo Natur besonders durch Müll, Abfälle jeglicher Art und relativer Ungerelgeltheit sehr belastet ist, sie kurz vor der völligen Übermachtung durch den Menschen steht. - Quasi als letztes Aufbäumen der Natur.

Borreliose darf nicht, wie es leider zu häufig geschieht, mit der Frühsommer-Meningoencephalitis (FSME) verwechselt werden. Beide haben nichts miteinander zu tun. FSME tritt in Europa nur endemisch in einigen Gebieten des Donaudeltas und Masuren auf (Sumpfgebiete). Mit dem Zeckenencephalitisvirus sind nur etwa 0,2 - 0,5 % der Zecken infiziert. Das Risiko an Borreliose zu erkranken ist 500 - 1000 Mal größer, als an FSME (virale Gehirnhautentzündung durch Zecken).

Auch sind Spätfolgen bei durchgemachter FSME eher höchst selten, bei Borreliose jedoch sehr häufig. Dennoch wird die FSME-Impfung von der Schulmedizin als "Schutz vor Zecken - Infektionen" propagiert, billigend in Kauf genommen, dass dies zur Verwirrung der Patienten führt, welche oft glauben damit gegen Borreliose gefeit zu sein. Abgesehen von dieser "Verwirrung", nütz natürlich keine, wie auch immer geartete Impfung vor irgendeiner Infektion. Alle Impfungen sind nachgewiesener Massen nutzlos, im Gegenteil schädlich.

Da hilft auch nicht die noch so ausgeklügelte Mythologisierung vom Impfschutz durch die orthodoxe Medizin nach dem Motto, wenn es nur oft genug wiederholt wird, wird auch das Falsche richtig. - Ein böses Spiel mit der Angst von Menschen, wo z.B. Eltern glauben durch Impfungen ihre Kinder zu schützen, eigentlich aber nur ihre eigene Angst (die falsche Vorstellung von dem was ist) "geimpft" haben, Ärzte glauben etwas "Gutes" mit der Impfung getan zu haben, eigentlich aber nur ihre Hilflosigkeit (Unwissenheit) "geimpft" (kaschiert) haben. - "Das tun ja alle, das ist doch normal", das Credo der Impfbefürworter unter Ärzten, Heilpraktikern und Patienten. - Folglich ist "Normal" das was alle tun, weil alle es tun. -

Wie absurd, der banale Tod jeder Wissenschaftlichkeit.

Jede so genannte Erkrankung ist nicht die Krankheit an sich, sondern nur die Äußerung einer Reaktion des Organismus auf ein "störendes" Agens welcher Art auch immer. D.h. es ist der Versuch des Organismus wieder ein Gleichgewicht (relatives Wohlbefinden) auf höherem Niveau herzustellen. Natürlich kann dieses Wiederherstellen mit Gefahren, sogar Lebensgefahr verbunden sein.

Leben an sich ist auf Integration angelegt, Integration von bisher Fremden im Sinne von Weiterentwicklung. Jedes Agens welches einen Organismus affiziert, egal ob Umstand, Bakterium, Virus usw. ist in gewisser Hinsicht Träger einer spezifischen Information, welche den betroffenen Organismus zur Integration, damit zur weiteren Entwicklung anregen soll. Dies ist der eigentliche Vorgang der Bewusstwerdung.

Eben deshalb ist nicht ein Unterdrücken der Reaktion (nur in seltenen Ausnahmefällen nötig) angezeigt, sondern ein sinnvolles Steuern, oder im Sinne der Prophylaxe, eine sinnvolle Vorbereitung.

Jede Impfung ist ein völlig unnatürlicher Vorgang, weil hier ein, oder meist mehrere Stoffe gleichzeitig, unter Umgehung aller natürlicher Abwehrmechanismen direkt in die Blutbahn eingebracht werden. Die Chance des Organismus zur Integration dieser Stoffe (Informationen) wird quasi auf Null reduziert.

Insofern birgt jede Impfung die Gefahr von Allergisierung des Organismus und das Entstehen, Begünstigen oder Verkomplizieren von chronischen Erkrankungen und Störungen. Die dramatische Zunahme von chronischen Erkrankungen, das Entstehen von angeblich neuen Erkrankungen, die zunehmende Allergiebereitschaft seit Einführung von Massenimpfungen bestätigen diese These. Seit 1880 ist bewiesen (Virchow, Pettenkofer u.a.), dass Bakterien nicht ursächlich für infektiöse Erkrankungen sind. Dennoch tut die offizielle Medizin so, als gäbe es diese Beweise nicht: sie handelt weiter, als seien Bakterien, Viren usw. ursächlich für infektiöse Erkrankungen. - Auch hier wieder Mythen anstelle von Fakten.

So wird also fleißig Antibiotika verordnet und verabreicht, in der trügerischen Hoffnung damit infektiöse Krankheiten heilen zu können. Bekanntlich wirken Antibioticis nur auf Bakterien, nicht auf Viren, da diese in Ermangelung eines eigenen Stoffwechsels Antibiotika überhaupt nicht aufnehmen.

Selbst in Fällen (extrem häufig) wo noch nicht einmal irgendwelche Erreger nachgewiesen werden, wird fleißig Antibiotika verordnet und verabreicht, mit der lapidaren Begründung eventuelle “Sekundärinfektionen” - was immer das auch sein soll - abzufangen. So spielt die Schulmedizin im Bereich der Infektionskrankheiten “blinde Kuh”, verbrämt mit hochtrabenden und nichts sagenden Begrifflichkeiten. Was tun aber nun diese Antibioticis? Anti Bios - gegen das Leben.

Bestenfalls wird also ein Antibiotikum zeitweise bakterielle Erreger dezimieren, in jedem Fall aber die natürliche Abwehrlage des Organismus schwächen oder sogar nachhaltig schädigen. - Damit aber die Empfänglichkeit für pathogene Keime (krankmachende Erreger) drastisch erhöhen. Erreger sind in unserer Umwelt allgegenwärtig, keiner kann sich ihnen entziehen, dennoch erkranken immer nur einige.

Folglich muss eine Erkrankung mit dem betroffen Organismus zu tun haben, der sich in einer spezifischen Lage befindet, “empfänglich” ist - ein erkrankungsbereites “Milieu” für den Erreger darstellt. Auf Pasteur geht die Aussage zurück: ... der Erreger ist nichts, das Milieu ist alles ...

1910 ist entdeckte Dr. Rosenow die Mutationsfähigkeit von Erregern abhängig vom Nährboden auf dem sie sich befinden.

D.h. abhängig vom Nährboden (Milieu) verändern sich spezifische Erreger zu anderen spezifischen Erregern. Prof. Enderlein (Zeitgenosse Pasteurs) führte die Forschungen Bechamps fort und stellte die “Bakteriocyclogenie” 1916 erstmals schlüssig dar. Demnach sind spezifische Erreger immer nur Entwicklungsstadien und nie eigenständige Arten. Deshalb sind natürlich Versuchsreihen oder Tests mit Erregern immer fragwürdig: sage mir welches Ergebnis du haben willst, so sage ich dir welchen Nährboden du brauchst. Bakterien sind Symbionten des Menschen (auch der Tiere), ohne die er (sie) nicht gesund leben können.

Dies ist eine unumstößliche Tatsache, die offensichtlich bis heute nicht genügend in der offiziellen Medizin gewürdigt werden darf. Die schulmedizinische Behandlung der Borreliose erschöpft sich nun in massiven, teilweise sogar heroischen (völlig überdosierten) und wiederholten Gaben von Antibioticis (teilw. Verabreichung von bis zu 10 verschiedenen Antibioticis).

Dies führt ausschließlich zur Vernichtung, zumindest zur drastischen Reduzierung von zur Gesundheit notwendigen Bakterien, zur nachhaltigen Störung der Abwehrlage und des Allgemeinbefindens. Dies alles ohne dass der Borreliosetiter im Blut nennenswert absinkt, geschweige denn die Borreliose geheilt wird.

Obschon Symptome der Borreliose durch Antibiotika, zumindest zeitweise, zum Verschwinden gebracht werden, handelt es sich offensichtlich dabei nur um eine Unterdrückung der Borreliosesymptome, ohne dass die Borreliose als solche ausheilt. Dies ist meine Erfahrung von über 20 Praxisjahren, welche durch die Praxiserfahrung von Ravi Roy, Peter Alex u.a. bestätigt wird. Es gibt zwei nicht von der Hand zu weisende Gründe, warum diese angeblich kausale Therapie der Schulmedizin nicht greifen kann: erstens die vorgenannte Schwächung des Organismus durch Antibioticis, welche es dem Organismus unmöglich macht, die mit den Borrelien verbundenen Informationen zu integrieren, somit zu gesunden.

Zweitens sind die Borrelien in der Lage sofort nach der Infektion des Organismus (innerhalb weniger Stunden nach dem Zeckenbiss), sich so in den Körperzellen und Körpergeweben zu "verbergen", dass sie von Antibioticis gar nicht erreicht werden können.

Ein Antikörpernachweis (Western - Blot -Test ist dem ELISA - Test an Genauigkeit deutlich überlegen) ist erst 4 Wochen nach einer Infektion mit Borrelien möglich, dies zeigt deutlich das Dilemma der Schulmedizin: eine 4 Wochen nach Infektion begonnene Antibiotika - Therapie, wo doch die Borrelien ausreichend Zeit hatten sich zu "verbergen"?

Oder - ... sie sind vor 5 Minuten von einer Zecke gebissen worden? - Wir wissen zwar nicht ob sie nun mit Borrelien infiziert sind, vorsichtshalber machen wir aber sofort eine hochdosierte Antibiotika-Therapie! - Nach den 4 Wochen und dem Test stellt sich dann ein negatives Ergebnis ein: hurra, das Antibiotika hat geholfen! - oder, war der Patient gar nicht infiziert? Stellt sich aber ein positives Testergebnis ein, die Beschwerden haben nicht nachgelassen, was dann?

Na klar, dann wird die Antibiotika - Therapie wiederholt usw., bis der Patient aufgibt. - Ein Lob der medizinischen Wissenschaft. In der Regel ist es aber so, dass zwischen dem infektiösen Biss einer Zecke und dem Auftreten der ersten Anzeichen der Erkrankung 3 Monate bis 3 Jahre liegen. Werden Antikörper gegen Borreliose vor Ablauf der o.g. 4 - Wochenfrist festgestellt, so rühren diese von einer schon früher erfolgten, unbemerkt gebliebenen Infektion her. Mehr als ein Drittel der betroffenen Patienten konnte sich nicht an einen Zeckenbiss erinnern, insofern theoretisch auch ggfl. über andere Infektionswege nachgedacht werden müsste. Oft erkennen Hausärzte die Erkrankung nicht, einige hielten sie für so unwahrscheinlich, dass Patienten die einen entsprechenden Bluttest wünschten, dieser verweigert wurde. Problematisch ist bei jeder erst spät erkannten, oft jahrelang falsch behandelter Borreliose das Entstehen von chronischen Störungen, welche den Symptomkomplexen einer Syphiliserkrankung ähnlich sind oder sein können:

Reizleitungsstörungen im Nervensystem, bes. aber auch am Herzen begleitet mit Herzmuskelentzündungen, oft sehr schmerzhafte neurologische Störungen, Taubheitsgefühle in bestimmten Haut- oder Körperarealen, Lähmungserscheinungen z.B. im Gesicht, Arme, Kniee usw., rheumatoide Erscheinungen, Entzündung und sogar Zersetzung von Gelenkstrukturen. Diese Erscheinungen werden dann oft nicht mit einer Borreliose im Zusammenhang gesehen. Dies ist auch ein Grund, warum die Borreliose mehr als die FSME zu fürchten ist. Entsprechend ist eine schulmedizinische Therapie nur symptomatisch ausgerichtet, was lediglich zu Symptomverschiebungen oder -unterdrückungen führt. Homöopathisch lässt sich aber jede Borreliose, egal ob schulmedizinisch vorbehandelt, ob frisch oder lange schon bestehend sinnvoll und zielgerichtet ausheilen. - Auch wenn ältere Borreliosen schwieriger zu behandeln sind und sicherlich einiger Erfahrung des Behandlers bedürfen. -

D.h. es wird nicht die Borreliose als singuläre oder feststehende Krankheit behandelt (dies wäre aus vorgenannten Gründen auch völlig sinnlos, überdies völlig unhomöopathisch), sondern der an Borreliose erkrankte Mensch wird als Ganzheit in einen Heilungsprozess gebracht indem eben auch die Borreliose ausheilen kann.

Elemente dieses ganzheitlichen Heilungsprozesses sind die Stärkung und Steuerung der individuellen Vital- und Abwehrkräftekräfte, sowie zielgerichtete Steuerung und Verbesserung der individuellen Integrationsfähigkeit im Sinne von Bewusstwerdung. Ebenso ist eine sinnvolle allgemeine wie spezifische Prophylaxe durch Homöopathie möglich, ohne “Nebenwirkungen” oder “Kollateralschäden” wie in der Schulmedizin.

Die Praxiserfahrung (Roy, Alex, Kirch u.a.) bestätigt dies eindrucksvoll in den follow-ups, durch subjektive Äußerung von Patienten, sowie entsprechenden Laborparametern. Erfahrungsgemäß steigt der Borreliosetiter unter homöopathischer Behandlung anfangs stark an (ist als Hinweis auf die verbesserte Abwehraktivität des Organismus zu werten), um dann im Zeitraum von 6 - 12 Monaten unter die Nachweisgrenze zu sinken..Beschwerdefreiheit, insbesondere ein verbessertes bis sehr gutes Allgemeinbefinden, wird schon in den ersten Wochen nach Behandlungsbeginn erreicht, wo hingegen dies unter konventioneller Therapie nicht möglich scheint. Anfangssymptome eine Borreliose sind eher unspezifisch und leichter Natur, und können sich über einige Wochen hinziehen. "Stumme" Entwicklungsverläufe sind nicht selten, so dass die Borreliose, wenn überhaupt, oft erst spät erkannt wird. Viele Patienten können sich noch nicht einmal an einen Zeckenbiss erinnern. Beschwerden ähnlich einem grippalen Infekt, allgemeines Unwohlsein, leichte Kopfschmerzen, insbesondere aber die so genannte Wanderröte, eine etwa 2 € - münzgroße Hautrötung um die Bissstelle, welche dann Richtung Körpermitte wandert, sind charakteristische Anfangssymptome einer Borreliose.

Unter den Bedingungen von feuchtwarmer Witterung, dies ist meist im Frühjahr und Herbst der Fall, ist die Zecke besonders blutgierig. Ihr Biss wird zunächst nicht bemerkt, da sie mit ihrem Speichel einerseits die Blutgerinnung hemmt, anderseits gleichzeitig lokal betäubend wirkt.

Sie kann bis zu 9 Tagen saugen, spätestens dann ist sie "satt" und lässt sich vom Körper abfallen. Je länger aber die Zecke saugt, desto größer ist die Gefahr, dass sie Erreger von anderen Lebewesen überträgt, ohne jedoch selbst an diesen Erregern zu erkranken. Die Erfahrung lehrt, dass nicht alle Menschen gleichermaßen von Zecken befallen werden, offensichtlich bevorzugen Zecken eine gewisse Zusammensetzung des menschlichen Blutes.

Prophylaxe

Um die Tendenz von Zecken gebissen zu werden, insbesondere dort wo sie gehäuft vorkommen, zu senken, hat sich die Zeckenbissfieber - Nosode C 200 als einmalige Doppelgabe pro Saison bewährt (Doppelgabe = 3 Globuli einnehmen, 15 Minuten später erneut 3 Globuli). Dies homöopathische Nosode wirkt allgemein abwehrend gegen Zecken und wirkt spezifisch gegen FSME.

Dies bedeutet nicht, dass man nun überhaupt nicht mehr von Zecken gebissen wird, auch nicht, dass man nun nicht mehr an FSME erkranken kann.

Eine homöopathische Prophylaxe "verhindert" nichts im absoluten Sinne wie z.B. die schulmedizinische Impfung es vorgeblich tut. Vielmehr wird der Organismus zielgerichtet auf die entsprechende Erkrankung "eingestimmt", so dass er aus sich heraus angemessen vorbereitet ist und bei Bedarf zielgerichtet reagieren kann.

Bei der bisherigen Erfahrung mit der Zeckenbissfieber - Nosode hat sich eben gezeigt, dass die Wahrscheinlichkeit von einer Zecke gebissen zu werden signifikant abnimmt, eine eventuell eintretende FSME wesentlich leichter verläuft, entsprechend einfacher behandelbar ist und, nach bisherigem Wissen, keine Spätfolgen zu befürchten sind (überhaupt sind Spätfolgen bei FSME wesentlich seltener als bei Borreliose, wo sie häufig vorkommen).

Nach Biss

Zecke mit Zeckenzange (gibt es in jeder guten Apotheke) oder ähnlich geeignetem Werkzeug, gegen den Uhrzeigersinn heraus drehen, nicht den Hinterleib der Zecke drücken oder verletzenden. Auch nicht mit Gewalt die Zecke herauszureißen, der Kopf könnte in der Haut stecken bleiben, was zu schmerzhaften Entzündungen führt. Es sollte nicht versucht werden die Zecke mit Salz, Öl, Petroleum oder anderen Dingen aus der Haut zu treiben, da dies zum Erbrechen der Zecke führt, das Infektionsrisiko erhöht wird und ebenfalls Hautentzündung folgen können.

Ist der Kopf der Zecke in der Haut verblieben, so braucht dieser nicht herausgeschnitten /-gestanzt werden: Silicea C 200 2 x täglich 1 Gabe (3 Globuli / 3 Tropfen) auf etwas Wasser werden den abgerissen Kopf innerhalb von 3 bis 7 Tagen komplikationslos aus der Haut befördern. Die Bissstelle sollte in dieser Zeit mit verdünnter Echinacea - Urtinktur (1 : 5 mit Wasser), oder einer Lösung von Ledum C 200 (3 Globuli / 3 Tropfen auf etwas Wasser) regelmäßig betupft werden. Diese äußere Anwendung ist auch bei der Behandlung der Bissstelle, wenn die Zwecke regelrecht entfernt worden ist, angezeigt, lindert Schmerz oder Juckreiz.

Bei entfernter Zecke wird nach jedem Biss jeweils 1 Doppelgabe Ledum C 200 gegeben, allerdings nicht häufiger als 2 bis 3 Mal pro Saison, da die Wirkung von Ledum dann anhaltend genug ist.

Ledum wirkt als Prophylaktikum nach jeder Art von Insekten- oder Tierbissen und ist ebenso eine ausgezeichnete Tetanusprophylaxe. Zusätzlich kann 1 Doppelgabe der Borrelia - Nosode C 200 nach dem 1. Biss einer Zecke pro Saison gegeben werden. Die Borrelia - Nosode wirkt spezifisch vorbeugend gegen Borreliose (nicht absolut, siehe unter Prophylaxe).

Nach Erkrankung / Infektion

Vorraussetzung einer Behandlung eines Patienten mit Borreliose (neu oder länger bestehend), ist natürlich eine korrekte homöopathische Fallaufnahme (Anamnese, incl. Befunde usw.) nach biographischen, individuellen und ätiologischen (auslösenden) Gesichtspunkten. - Eben weil die Borreliose nicht als solche behandelt werden kann und darf, sondern weil im homöopathischen Sinn der Patient nur in seiner sozialen, personalen und individuellen Ganzheit in einen Heilungsprozess gebracht werden kann.

Es wird also nicht die “Borreliose” behandelt, nein der kranke Mensch wird behandelt.

Borrelia-Nosode C 200 jeden 3. Tag 1 Gabe (3 Globuli / Tropfen auf etwas Wasser), mindestens 7 Gaben (über 3 Wochen), je nach Schwere der Erkrankung auch bis zu 21 Gaben (im gleichen 3 - Tage - Rhythmus). Zusätzlich immer das individuell angezeigte homöopathische Mittel, ohne welches eine Heilung nicht erfolgen kann. Dieses individuell angezeigte Mittel wird am günstigsten als LM - Potenz (Q - Potenz) täglich 1 Gabe, über einen längeren Zeitraum (Monate) gegeben. Nach meiner Erfahrung sollte nicht unter einer Potenzstufe von LM 60 begonnen werden (Gefahr unnötiger Verschlimmerung der Symptomatik), aufsteigend bis zu etwa einer LM 180, selten bis zu LM 240. Besonders bei rheumatischen Erscheinungsformen bewährte sich die parallele Verordnung von Acidum-formicicum C 12 - C 30 / LM 6 über 1 - max. 3 Wochen (tägliche Einnahme). Deutlich zeigte sich bisher, dass Arsenicum-album und Natrium-muriaticum, in einigem Abstand gefolgt von Lachesis und Phosphorus, wesentlich häufiger angezeigt waren als andere Mittel. Miasmatisch (Bereich der eigentlichen chronischen Siechtümer) waren oft interkurrente Gaben von Syphilinum, Tuberculinum-bovinum oder Carcinosinum notwendig."

Fall aus der Praxis

Frau P., verh., geb. 07/1966, 1 Tochter, 1 Sohn

1. Ordination 16.05.2002 wg. Borreliose

ärztl. Befund v. 10.05.2002:

ASL – quantitativ	280,6 U/ml	Normbereich < 200
Borrelia – IgM - EIA	18,86 E/l	Normbereich < 11,00
Borrelia – IgG - EIA	23,74 E/l	Normbereich < 11,00
Borrelien – IgM –Blot	positiv	
Borrelien – IgG – Blot	positiv	
Blot – Ergebnis	IgG: p30, OspC 23, p17	
	IgM: p41, OspC 23	
TPHA	negativ	
Beurteilung	frische Infektion im Stadium 2	

Frau P. lebt auf einem Pferdehof mit angeschlossenem Haustierpark am Rande eines Dorfes im Rhinower Luch (westl. Brandenburg). Diese sumpfige Gegend beherbergt außerordentlich viele Insekten wie Mücken, Dasselfliegen usw., und eben auch Zecken. So beschrieb Frau P. auch, dass sie täglich die Körper ihrer Kinder, ihres Mannes und ihren eigen nach Zecken absucht, durchschnittlich so täglich pro Nase 1 – 3 Zecken findet und rausdreht. Noch nie hätte es dabei Probleme gegeben. Sie hat vor 3 Wochen einen roten Fleck am linken Bein (Wade) entdeckt, da wo wohl auch eine Zecke sie gebissen hätte. Dieser Fleck jucke sehr stark und wandere dabei am Bein hoch. Seit einer Woche hätte sie auch zunehmende Gelenkschmerzen in den großen Gelenken, < nachts.

Dabei könnte sie nur < schlafen (war vorher kein Problem), weiß nicht wie sie liegen sollte. Seit 1 Woche hätte sie so eine Art Gesichtslähmung links, ein kriebelndes Taubheitsgefühl. Dabei ist ihr insgesamt Gesicht objektiv auffallend fleckig gerötet, bes. die Wangen. Im linken Arm hätte sie eine ähnliche Taubheitsempfindung. Ihr Gang wäre deutlich unsicherer geworden, stolperte dauernd, oder trete fehl, z.B. bei Treppenstufen, knicke häufig mit dem linken Knöchel um. Auch träume sie seither übles Zeugs, kann sich aber nicht an konkrete Trauminhalte erinnern, nur unbestimmt von Kampf und Zerstörung.

Seit etwa 2 Wochen hätte sie so einen Reizmagen, öfters Magenkrämpfe und Magenbrennen, bes. wenn sie nüchtern ist oder länger nichts gegessen hat. Essen hilft zuerst, aber nach 1 – 2 Std. danach würde ihr so flau im Magen, manchmal sogar regelrecht übel. Sodbrennen hättet sie auch dabei, welches durch Essen kurz > würde, dann aber wieder kommt.

Öfters Schwindel, bes. nach körperlicher Anstrengung.Seit 3 Wochen sei sie extrem reizbar, ihr Mann und die Kinder gingen ihr auf die Nerven, die geringsten Geräusche regten sie furchtbar auf. Neuerdings abends das Bedürfnis Rotwein zu trinken, … damit ich runter komme…, morgens mag sie nicht mehr so recht frühstücken, nur noch Kaffeetrinken … um in die Gänge zu kommen… Tagsüber isst sie unregelmäßig (war vorher anders), hat keinen rechten Appetit, abends …hau ich mir den Bauch voll…, meist egal womit, das kenne sie so überhaupt nicht, täte auch nicht gut so ein schwerer Magen. Müßte dauernd etwas tun, im Garten oder im Haus, Ordnung schaffen, Mann und Kinder störten da nur, die brächten ihre Ordnung durcheinander, …das nervt, die kapieren das einfach nicht… Das Aufstehen morgens fiele ihr deutlich schwerer, dafür käme sie abends nur spät ins Bett. Schliefe < ein, hätte viel Gedankenandrang vom Alltag, was zu tun sei, von Ärger und Ähnlichem. Frau P. wird seit Jahren homöopathisch behandelt, normale Ärzte mag sie nicht.

Die letzte homöopathische Verordnung war im August 2001, Natrium-muriaticum LM 180, bis zum jetzt sei es ihr gut gegangen, nun würde sie sich aber nicht mehr wieder erkennen. Sie hatte im vorherigen Winter Scharlach. Der wurde homöopathisch behandelt und verschwand ohne größere Probleme. Allerdings hatten drei verschiedene Ärzte keinen Scharlach diagnostiziert, erst auf Veranlassung des Verfassers wurde bei einem vierten Arzt eine entsprechende Blutuntersuchung vorgenommen, welche dann den Verdacht von Scharlach bestätigte. Im übrigen war Frau K. in der Kindheit u. A. gegen Scharlach geimpft worden. Nach Ausheilen des Scharlachs klagte Frau K. über anhaltende ziehend - reißende Schmerzen im Brustkorb. Solche Schmerzen hätte sie vor etwa drei Jahren auch gehabt, die seien dann mit verschiedenen Schmerz- und Rheumamittel ärztlich behandelt worden, hätten sich dann innerhalb eines halben Jahres allmählich gebessert, seien aber nie ganz weggegangen, so dass sie die Mittel absetzte und sich mit dem Zustand abfand.

Die reißenden Schmerzen im Brustkorb zögen nun zum Rücken, von dort in das rechte Bein bis zum Fuß, so wie bei heftigem Ischias. Außerdem zögen die Schmerzen in den Nacken und Kopf, der ganze Körper verkrampfe sich dadurch. Die Schmerzen seien zwischen 15.00 – 16.00 h am schlimmsten, würden zum Abend und nachts aber auch deutlich schlimmer. Kälte in jeder Form verschlimmere die Schmerzen (Luft / Wasser), Bewegung bessere sie etwas, nächtliche innere Unruhe.

Sie sei nun bei ihrem Hausarzt gewesen, der fand nichts und wollte ihr wieder Rheumamittel verschreiben.

Ist dann noch zu drei verschiedenen Spezialisten gegangen, die fanden aber auch nichts, trotz Röngten- und Kernspinuntersuchung.

Erst (o.g.) Blutuntersuchung hätte eine Diagnose erbracht (Borreliose).

Nun sollte sie stationär ins Krankenhaus und eine hochdosierte intravenöse Antibiotikatherapie machen. Dies wollte sie aber aufgrund früherer Erfahrungen mit Antibiotika vermeiden.

Die Patientin stammt aus bürgerlichen Familie in Sachsen (Vater Ing., Mutter Studienrätin, geschieden, mütterliche Linie mehrere Krebsfälle), wollte nach der Wende „aussteigen", heiratete und ging mit ihrem Mann nach Brandenburg aufs Land, zunächst in so eine Art „Indianerdorf", dann kauften sie eine kleine Landwirtschaft um dort alternativ zu leben.

Muß nun hart körperlich arbeiten, was sie aber o.k. findet. Geburt der Tochter 07/2001. Sie hätte schon öfter Zecken gehabt, aber nie Probleme, konnte sich konkret aber nicht erinnern. Patientin ist athletisch – schlank, 163 cm groß, hat dunkelblonde, schulterlange Haare (Zopf), graugrüne Augen, viele kleine Leberflecke, früher Vorliebe für Schokolade, welche sie sich jetzt aus Einsicht versagt, trinkt sehr gerne Kaffee mit Milch, hat volles „DDR – Impfprogramm" bekommen, ohne sich an irgendwelche Reaktionen direkt oder indirekt erinnern zu können. Sehr zurückhaltendes Wesen, beschreibt selbst nur direkt körperliche Symptomatik, reagiert auf Fragen reserviert aber wortreich in geschliffenem Ausdruck. Sagt oft: ...nicht so schlimm..., ...geht schon..., ...das mach ich einfach..., ...die (Ärzte) haben keine Ahnung... , ...das zieh ich durch...Hände von harter körperlicher Arbeit gezeichnet, dennoch insgesamt sehr weiblicher Eindruck. Sehr freundlich, entgegenkommend (möchte mir gefallen?), sehr fürsorglich, hilfsbereit, aufopferungsvoll (Mann, Tochter, Nachbarn, Hof und Tiere), liest gerne, gerne auch alleine, möchte aber nicht alleine leben. Denk viel an Früher, bes. Trennung der Eltern.

Bei Problemen sei sie reizbar, zieht sich dann aber zurück, möchte immer Haltung bewahren, Gefühle nicht nach außen zeigen. Gerne am Meer, bes. Nordsee weil nicht so warm, Hitze und direkte Sonnenbestrahlung verträgt sie nicht (Schwindel, Kreislaufschwäche).

Verordnung:

Borrelia – Nosode D 200 (Staufen)
jeden 3. Tag 3 Tropfen auf 1 Eßlöffel Wasser, insgesamt 7 Gaben (3 Wochen), dann Status melden

(Anmnestisch: situativ Nux-vomica; konstitutionell Natrium-muriaticum; miasmatisch Carcinosinum beobachten)

Vorgehen:

Gehe von schon länger bestehender Borreliose aus (Brustkorbschmerz vor drei Jahren).

Nach Erfahrungen von R. Roy Borrelia Nosode anfangs geben, da so das „Durchinkarnieren“ der Borreliose „aufgebrochen“ werden kann; ggfl. parallel oder anschließend Nux-vomica (ein Hauptmittel bei Borreliose, bes. bei Krampfneigung).

Gebe zunächst nur Borrelia-Nosode um später eindeutig Reaktion beurteilen zu können.

Wegen der Krampfneigung und „Vergiftung“ mit Borrelien ziehe ich Nux-vomica als situatives Mittel in die engere Wahl, insbesondere da die Borreliose – Symptome eindeutig im Vordergrund stehen, die konstitutionellen Symptome dahinter deutlich zurücktreten, miasmatisch deutet sich Carcinosine an, ohne dass z. Zt. hier eine aktive miasmatische Dimension vorliegt

Allerdings denke ich, das die hereditäre Krebsbelastung, das voll erhaltene „DDR – Impfprogramm", unterdrückenden antibiotische Behandlungen und die eingetretene Scharlacherkrankung im Erwachsenenalter deutlich auf Carcinosine hinweisen, sie quasi den Rahmen (Milieu) abgibt für die Borreliose

Hintergrundgedanken:

Whitmont beschreibt Borreliose als „Krankheit der Verschmutzung" (Umweltverschmutzung, missbräuchlicher Umgang mit Natur, standortfremde Kulturpflanzungen, Intensiv – Landwirtschaft mit starkem Pestizid- und / oder Düngemitteleinsatz u. ä.), nur am Rande von menschlichen Siedlungen auftretend, nicht in den Ballungsräumen und nicht in sehr dünn besiedelten Räumen. Diese Darstellung kann ich aus eigener Beobachtung nur bestätigen. Insbesondere fällt dabei auf, dass es 2001 und 2002 eine Art „Zeckenexplosion" in Randgebieten von Berlin gibt, insbes. dort wo ländliche Siedlungen erschlossen und gebaut werden (die Natur „schlägt" zurück).

Bei Frau K. erhärten sich meine „Hintergrundgedanken" insofern, als dass sie am Rande eines Dorfes lebt, es „alternativ" versucht, nicht an Kanalisation des Dorfes angeschlossen ist, Müll auf den Grundstück vergraben wird (Plastik und Glas bringt sie weg) usw., im Konflikt mit „Indianerromantik" und der Realität, auch des Dorfes lebt

Psychologisch finde ich den „Weltschmerz" (Natrium-muriaticum), den Vater-/ Autoritätskonflikt im Sinne des Anerkannt – Werden – Wollens (Natrium-muriaticum) angedeutet; miasmatisch die Erhebung der Funktion des Willens über das Selbst (Carcinosinum).

2. Ordination 05.04.2002, tel.

Insgesamt fühlt sie sich etwas besser, mehr sie selbst, die Schmerzen sind nicht mehr so stark, aber die Krampfneigung besteht unvermindert fort. Kommt morgens nur schwer hoch, nächtliche innere Unruhe etwas besser geworden. Hat sich öfter übelgefühlt, wie vergiftet, morgens mag sie nicht Frühstücken, abends Bedürfnis Rotwein zu trinken, das entspannt etwas.

Verordnung:

Nux-vomica LM 60
tägl. abends 3 Tropfen auf 1 Eßlöffel Wasser, ca. 4 – 6 Wochen

3. Ordination 28.05.2002, tel.

Übelkeit und Krampfneigung völlig verschwunden, isst wieder regelmäßig. Bedürfnis nach Rotwein auch weg. Kommt morgens besser hoch. Nächtliche innere Unruhe wird nur noch im Bein gefühlt. Schmerzen bestehen aber weiter. Bedürfnis nach Salzigem, salzt nach, so wie in Jugend. Besuch bei Vater, der versteht nicht, wie sie so leben kann, traurig nach Rückkehr.

Verordnung:

Natrium-muriaticum LM 75
täglich abends 3 Tropfen auf 1 El Wasser, ca. 4 – 6 Wochen

4. Ordination 03.07.2002, tel.

3 Tage nach 1. Einnahme völlig beschwerdefrei., in der 3. Einnahmewoche begannen jedoch Schmerzsymptome, bes. im Bein, leicht wieder aufzutauchen, auch die dort gefühlte nächtliche innere Unruhe. Hat Mittel daraufhin morgens und abends genommen, was wieder zu 1 Woche völliger Beschwerdefreiheit führte, dann wieder leicht schlechter, Mittel dann 3 x täglich genommen, was wieder besserte.

Verordnung:

Natrium-muriaticum LM 150
täglich abends 3 Tropfen auf 1 El Wasser, ca. 4 – 6 Wochen

5. Ordination 15.08.2002, tel.

Bis jetzt völlig beschwerdefrei, keine Rückfälle gehabt. Meint das ihr das Mittel auch sonst sehr gut tut. Ihr Mann sagte auch, dass sie nicht mehr so „zickig“ sei. Mag nicht mehr Nachsalzen, im Essen sei ja sowieso soviel Salz. Glaubt ihre Eltern besser verstehen zu können, kann dies aber nicht konkretisieren. Möchte in ihrem Leben was verändern, weiß aber noch nicht was und wie. Hätte seit langer Zeit mal wieder geweint, dabei sei komisch gewesen, dass sie sich danach besser gefühlt hätte, führt dies aber nicht näher aus. Seit 1 Woche Gefühl, dass sich nach Einnahme nichts mehr tut. Möchte aber auf diesem Weg weitergehen.

Verordnung:

Natrium-muriaticum LM 180
täglich abends 3 Tropfen auf 1 El Wasser, ca. 8 – 10 Wochen

Bei nächster Gelegenheit Bluttest machen lassen.(Anm.: die Reaktionen von 3. Ordination Und 4. Ordination entsprechen voll und ganz den Gesetzmäßigkeiten bei LM – Potenzen)Die Fallentwicklung wird weiterhin beobachtet und dokumentiert, insbesondere im Hinblick auf Borrelliose. In der Zeit bis zum 03.09.04 ist die Patientin wg. akuter leichterer Infekte der oberen Atemwege 4 x behandelt worden. Irgendwelche Anzeichen von Borreliose oder verwandter Krankheitszeichen traten nicht auf. Einen Bluttest hat sie bis heute nicht weiter machen lassen. Am 03.09.04 bekam Sie erstmals wieder ein chronisches Mittel, Sulfur LM 60, täglich morgens 3 Tropfen auf etwas Wasser, über 4 Wochen. Der Grund hierfür war der Umstand, dass Sie Verhaltensweisen aus ihrer Jugend zeigte: Unordnung im Haushalt, Nachlässigkeit in Kleidung und Äußerem (Körperpflege) und als wesentlichstes körperliches Zeichen stinkende Blähungen (nach faulen Eiern, mangelhafte Eiweißverdauung). Sie hatte angefangen sich mit Homöopathie zu beschäftigen und las sehr viel. Sulfur hob diese Beschwerden auf. Ab Herbst 2005 begann Sie dann einen Homöopathiekurs, zog mit Mann, Kindern und den Tieren in ein anderes Dorf. Am 21.11.2005 kam Sie wieder in die Praxis und klagte, dass ihr alles zuviel sei, sie das Gefühl hätte es nicht zu schaffen, keine Lust auf Mann und Kinder hätte, deshalb aber ein schlechtes Gewissen. Seit dem Umzug fühlte sie sich nicht mehr zu Hause. Körperlich hatte sie aber keine Beschwerden.

Verordnung:

Sepia LM 120
täglich abends 3 Tropfen auf etwas Wasser, über 6 – 8 Wochen

Am 05.09.06 kam sie dann erneut wegen einer persistierenden Cystitis zur Behandlung.
Die Probleme aus der letzten Konsultation seien unter Sepia allmählich verschwunden, hätte bis vor 4 Wochen auch keine Probleme gehabt. Dann hätte sie sich aber den Unterleib verkühlt und kriegte das nicht in den Griff.
Hatte selbst mehrere Mittel (Berberis, Pulsatilla, Natrium-muriaticum, Staphisagria) in C 200 ausprobiert ohne Erfolg. Symptome: Brennen beim Wasserlassen, häufiger Harndrang, bes. abends und nachts (teilweise ½ stündl.), ab und zu nächtliches Einnässen. Ihr Mann ginge ihr z.Zt. tierisch auf den Nerv, der hätte eine Arbeit gefunden und jammere rum, weil er soweit dahin fahren müsse. Sie hätte aber alles andere am Hals, Kinder, Haushalt, Tiere, Ausbildung.

Verordnung

Sepia LM 150
täglich morgens und abends je 3 Tropfen auf etwas Wasser, falls nicht deutlich besser nach 10 Tagen, auch 3 bis 5 x täglich weitere 10 Tage, wenn akutes Geschehen weg, dann nur noch abends 3 Tropfen auf etwas Wasser etwa weitere 6 – 8 Wochen

Am 02.01.07 telefonische Ordination wg. akuter Magen-Darmbeschwerden (Übelkeit nach Essen, schmerzloser Durchfall (Noro-Virus) in Verbindung mit Heiserkeit, trockenem Husten und dünnem weißlichem Schnupfensekret.
Die Cystitis sei unter Sepia nach 6 Tagen weg gewesen. Hat Sepia bis die Flasche leer war eingenommen, ca. 2 Monate. Versteht sich mit ihrem Mann wieder besser.

Verordnung:

Phosphorus LM 30 (sie hatte keine andere Potenz da)
täglich 3 Tropfen auf 1 Glas Wasser, nach Bedarf davon teelöffelweise nehmen, mindestens jedoch 7 Teelöffel bis Besserung, dann Abstände der Teelöffelgaben entsprechend der Besserung vergrößern.

1 Woche später meldete sie sich telefonisch und berichtete, dass es ihr schon am 1. Tag besser ging, nach 3 Tagen sei alles weg gewesen. Seither hat sie sich nicht mehr gemeldet, so dass es ihr wahrscheinlich gut geht

Trichophytie (Fadenpilz-Erkrankung)

"Diese Pilzerkrankung ist leicht übertragbar, besonders durch Satteldecken, Geschirre, Sättel oder durch Putzzeug welches für mehrere Tiere gleichzeitig verwendet wird. Sie beginnt meistens am Rumpf, besonders im Bereich der Sattellage und kann mit Akne verwechselt werden. Es bilden sich derbe, knotige Eruptionen mit nachfolgendem Haarausfall. Sie können derb verschorfen oder sich entzünden. Durch weiteres Reiten werden sie wund und sondern wässriges bis eitriges, manchmal blutiges Sekret aus. Die Pilzerkrankung kann auf andere Körperregionen übergreifen. Die Pilzsporen können sich ins Unterhautgewebe eingraben und es kommt zu Eiterbildung an den Haarfollikeln. Weitere Symptome sind Hautreizung und Jucken im Anfangsstadium, später Berührungsempfindlichkeit. In starken Fällen kommt es zu Abwehrbewegungen des Pferdes. Zur Absicherung der Diagnose ist eine Untersuchung eines Hautgeschabsels von der betroffenen Stelle notwendig. Tief schaben, um sicherzugehen, dass Sporen in der Gewebsprobe enthalten sind

Allgemeine Maßnahmen

Jedes Pferd sollte unbedingt sein eigenes Putzzeug und seine eigene Satteldecke haben.

Behandlung

Reinigung der betroffenen Hautpartien mit Echinacea Urtinktur 1:1 mit destilliertem Wasser verdünnt. Anschließend dünn mit Calendula-Salbe abdecken. Mit diesen Maßnahmen wird erreicht, dass die Pferde trotz der Erkrankung weiter unter dem Reiter gearbeitet werden können.

Wie die Erfahrung zeigt, werden selbst in der Sattellage die Stellen nach längeren Ritten nicht schlimmer. Alle infizierten Pferde bekommen als Grundmittel Bacillinum C 200 oder Tuberculinum-bovinum C 200, 4 Gaben im Abstand von je einer Woche. Wenn die Pferde etwas unangenehm oder muffig riechen, bekommen sie Sepia C 1000, 4 Gaben im Abstand von einer Woche, eine halbe Woche zeitversetzt zur Tuberculinum-Gabe. Bemerkenswerterweise sprechen vor allem dunkle, weibliche Tiere und hier besonders die Vollblüter auf Sepia an.

Arsenicum-album bei trockener Haut, das Tier ist ruhelos und hat großen Durst nach kleinen Mengen Wasser. Arsenicum-album betrifft eher die leichten Rassen. Die Therapie mit Arsen zeigt als Nebeneffekt, dass die Kondition des Pferdes auch ohne Training deutlich gebessert wird. Dosierung: Arsenicum-album. C 1000, 1 x täglich eine Woche lang.

Silicea passt eher für den chronischen Zustand, leichtes Schwitzen. Wenn die Erosionen bis ins Unterhautgewebe gehen sondern sie flüssiges, milchiges, eitriges oder blutiges Sekret ab oder bilden Eiterknötchen.

Hydrocotyle (Wassernabel - asiat. Doldengewächs) Bei schuppenden, stark abschilfernden Stellen am Rumpf kann es zu den anderen Mitteln als Adjuvanz dazugegeben werden. Dosierung: Hydrocotyle C 6 morgens und abends eine Gabe mindestens eine Woche lang

Pix-liquida (Teer aus Pinienholz) Neigung zu Haarausfall, schuppender, rissiger Hautausschlag. Unerträglicher Juckreiz treibt die Tiere dazu sich ständig zu scheuern. Dosierung: Pix-liquida C 6 morgens und abends eine Gabe, mindestens eine Woche lang.

Wurmerkrankungen bei Mensch und Tier homöopathisch behandeln

Wurmbefall beim Menschen

Wie kann sich der Mensch vor Übertragung schützen? Halter von wurmbefallenen Tieren sollen verstärkt bei sich und bei ihrem Tier auf Hygiene achten. Insbesondere auf Reinigung des Afters und der Hände, besonders der Nägel, mit Bürste und Seife. Bei Wurmbefall: Abrotanum D1 3 x 5 - 10 Tropfen täglich auf etwas Wasser, ca. über 2 Wochen. Eine homöopathische Konstitutionsbehandlung ist bei allen Wurmerkrankungen neben der spezifischen Wurmbehandlung dringend geboten, und stellt auch die beste Prophylaxe dar.

Diät und Hygiene: vor jeder Art von Wurmkur 24 Std. fasten, kein Schweinefleisch mehr genießen. Überhaupt ist Fleisch eher zu meiden. Genussgifte wie Kaffee, schwarzer Tee, Zucker und Süßigkeiten in jeder Form, stärkehaltige Lebensmittel wie Bananen, Brot, Getreide usw. sollten ebenso gemieden werden wie Milch und Yoghurt (Würmer ernähren sich hauptsächlich von Kohlehydraten). Kürbiskerne, rohe Karotten und besonders frische Ananas wirken wurmabführend

Bei allen Wurmkuren ist es sinnvoll gleichzeitig Einläufe mit Salzwasser zu machen. Bei der Rohkostzubereitung ist auf äußerste Sauberkeit Wert zu legen, damit keine neuen Wurmeier o.ä. aufgenommen werden (eventuell nur gekochtes Gemüse essen).

Der Wert der diätetischen Maßnahmen ist nicht zu unterschätzen, eine unzureichende oder gar fehlende Diät kann eine homöopathische Behandlung unnötig behindern, sogar vereiteln. Ähnlich verhält es sich mit der Hygiene.

Peinlichste Sauberkeit und Umsicht beim Waschen des Körpers sind ebenso unabdinglich (z.B. kommt es bei Kindern häufig zur Reinfektion, weil sie z.B. am Anus jucken und die Finger später in der Mund stecken, analog gilt das aber auch für Erwachsene und Tiere), wie für das Waschen und Reinigen von Kleidungs- oder Ausrüstungsstücken. - Bei Tieren sind diese Maßnahmen auch auf die Pflegegerätschaften auszudehnen.

Weniger häufig als Abrotanum sind andere wurmspezifische Mittel notwendig (falls Abrotanum versagt oder nicht angezeigt ist).

Bei Bandwürmern:

Calcium-phosphoricum C 12 oder Kalium-muriaticum C 12 als Grundmittel ca. 1 Woche vor der eigentlichen Wurmkur täglich 1 Gabe geben. - Sollte eine Anämie (Blutarmut) vorliegen empfiehlt sich Ferrum-phosphoricum C 12, bei Übersäuerung des Organismus Natrium-muriaticum C 12. Diese Grundmittel dienen zur Vorbereitung des Organismus auf die eigentliche Wurmkur.

Als eigentliche Wurmkur kann man Kürbiskerne kochen, mit Milch und Honig pürieren. Diesen Brei dann ca. über 2 Wochen geben. Diese Kur eignet sich besonders für Kinder. Auch kann eine Grantapfelkur durchgeführt werden.

Dabei ist morgens und abends über ca. 1 Woche je 0,2 l frischgepresster Granatapfelsaft zu trinken. Falls keine Granatäpfel vorhanden sind, nehme man Granatum D1 oder Urtinktur, je nach Körpergröße (Mensch oder Tier) 2 - 5 ml auf etwas Wasser, auch über ca. 1 Woche. Weiter ist Filix-mas (Wurmfarn) auch in Dosen von 2 - 5 ml auf Wasser als Wurmkur geeignet, wie auch Kousso (Hagenia-abyssinica) Urtinktur in Dosen von 10 - 15 ml auf Wasser.

Fuchsbandwurm und Hundebandwurm (Echinococcus):

Wenn Angst vor Ansteckung besteht sollten 1 - 2 Gaben Calcium-carbonicum C 200 im Abstand von 4 Wochen gegeben werden. Die Bachblüte Crap apple erfüllt den gleichen Zweck, wenn sie 4 x täglich über mindestens 4 Wochen gegeben wird. Prophylaktisch sollte 2 x im Jahr über jeweils 2 Wochen Cuprum oxydatum nigrum D 2, 2 x täglich 1 Tablette gegeben werden. Die eigentlichen Wurmkuren sind wie unter Bandwürmer beschrieben zu machen.

Spulwürmer (Askariden):

Sie kommen relativ häufig bei Kindern und Tieren vor, und sind in der Regel, wenn rechtzeitig behandelt, relativ harmlos.

Allerdings können sie, wenn der betroffene Organismus geschwächt ist, z.B. durch ungenügende Ernährung oder unzureichende hygienische Verhältnisse, ernsthafte Folgezustände nach sich ziehen, z.B. langwierige Darmkatarrhe oder Anämie. Falls in fortgeschrittenen Stadien die Larven der Spulwürmer in innere Organe wandern, kann es zu bedrohlichen Entzündungen kommen und eine sofortige schulmedizinische Behandlung ist dann oft unumgänglich. Wobei natürlich zusätzlich auch homöopathisch behandelt werden sollte, damit einerseits die schulmedizinische Wurmkur besser greift, andererseits die Nachteile der schulmedizinischen Kur besser verkraftet werden. Die eigentlichen Wurmkuren sind ansonsten wie bereits beschrieben anzuwenden.

Madenwürmer (Oxyuren):

Diese sind die in unseren Breiten verbreitetsten Würmer. Hier hat sich als Vorbereitung zur eigentlichen Wurmkur Natrium-phosphoricum C 12 bestens bewährt, über 2 Wochen täglich 1 Gabe. - Ist der Organismus übersäuert, so nehme man Kalium-muriaticum C 12. Wurmkur wie vor.

Weitere wichtige Wurmmittel:

Bei jedwedem Wurmbefall kann Cina in Frage kommen. Dies besonders bei Kindern, welche sich nicht beruhigen lassen oder widerspenstig sich verhalten. Starkes Jucken der Nase ist oft das wahlanzeigende Symptom. Besonders auch bei widerspenstigen Pferden kommt Cina in die engere Wahl, wenn diese sich stark Nase oder Hinterteil jucken, oft bis es blutet. Über etwa 2 Wochen wird eine Gabe täglich in der Potenz C 12 oder C 30 gegeben.

Ähnliche Symptome wie Cina hat Satonin. Es wird gegeben, wenn Cina nicht hilft, Zuckungen und Krämpfe sowie Magen- und Darmstörungen im Vordergrund stehen. Etwa 1 Woche 2x täglich 1 Gabe auf etwas Wasser in der Potenz D3 (unter D 3 wirkt Satonin zu toxisch).

Bei Oxyuren und besonders bei Askariden, in Verbindung mit Krankheitszeichen an der Nase (z.B. Polypenbildung), und gleichzeitig starker Abmagerung hat sich Teucrium bewährt. Auffällig auch hier der extreme Juckreiz am After. 1 Woche 2 x täglich 1 Gabe in der Potenz D 3 auf etwas Wasser.

Besonders bei dahinsiechenden Pferden mit starkem Durchfall ist an Digitalis zu denken. Täglich 1 Gabe in der C 30 oder C 200 über 3 - 7 Tage.

Bei Kindern mit Askariden empfiehlt sich Spigelia, der Wurmfarn, wenn sie den Nabel als schmerzhaftesten Punkt angeben. Meist ist erfolgloser Stuhldrang vorhanden, wie natürlich auch heftigster Juckreiz am After. 7 - 10 Tage 2 x täglich 1 Gabe in der C 6.

Cuprum oxydatum nigrum D 1, 2 x täglich 1 Gabe in etwas Wasser über 7 - 14 Tage hat sich als austreibendes Mittel bei allen Würmern, sogar Trichinen bewährt.

Steht Wundheit des Afters in Verbindung mit starker Weitung des Brustkorbes im Vordergrund, so ist an Mercurius-solubilis zu denken. Über 7 - 10 Tage täglich 1 Gabe in der Potenz C 12 geben.

Pferde die sich ständig das Hinterteil reiben, beim Anblick von glänzenden Gegenständen oder Wasser von plötzlicher Angst und Panik ergriffen werden, benötigen wahrscheinlich Stramonium. In der Potenz C 30, 1 Gabe täglich über etwa 3 - 5 Tage.

Mit Stramonium sollte Arsenicum-album verglichen werden, da es sehr wichtig bei unruhigen und ängstlichen Tieren, besonders Pferden, ist. Potenz, Dosis und Einnahmezeit wie Stramonium.

Zuletzt möchte ich noch Sulphur erwähnen. Es kommt in Frage, wenn Verstopfung und harter Stuhl gegeben sind. Bei Tieren das Fell sehr struppig erscheint (beim Menschen die Kopfhaare) und der ganze Fall von vielen weiteren, oft unspezifischen Symptomen begleitet ist. Außerdem ist es ein bewährtes Mittel um eine überstandene Wurmkur zu vollenden, sozusagen den "Fall abzurunden". Als Schlussmittel 1 Gabe in der C 200, sonst täglich 1 Gabe in C 30 über ca. 1 Woche.

Wurmbefall bei Tieren

"Wie kann man Wurmerkrankungen bei Pferden erkennen?

Auffällig ist der aufgetriebene Leib in Verbindung mit Heißhunger und dennoch Abmagerung. Eine erhöhte Kolikbereitschaft bei Pferden ist ein wichtiger Hinweis für Würmer. Außerdem kann der Durst vermehrt sein. Der Darm arbeitet unregelmäßig, was sich bis zu Krämpfen steigern kann. Die Konsistenz des Kotes wechselt von fest zu dünnflüssig.

Bei Verdacht auf Wurmbefall sollte der Kot bei negativem Befund nochmals untersucht werden, um Fehldiagnosen auszuschließen. Ein struppiges, nicht glänzendes Fell kann auf Würmer hinweisen, aber auch auf viele andere Störungen. Natürlich sind die Würmer auch im Kot sichtbar. Ein grober Hinweis kann auch sein, wenn das Pferd seitlich auf seinen Bauch schaut das kann anzeigen, dass es Bauchschmerzen hat. Mit Wurmbefall ist bei allen Tieren besonders zu rechnen, die sich viel im Freien aufhalten, weil dort Wurmeier aufgenommen werden können.

Dabei ist die gängige Behandlung mit den üblichen Wurmmitteln eher kontraproduktiv, d. h. häufige normale Wurmkuren führen immer wieder zu Wurmbefall, weil das Milieu im Magen-Darmtrakt für Würmer günstiger wird. Wenn man, wie es der Hersteller empfiehlt, im Abstand von 8 - 12 Wochen Wurmkuren durchführt, können besonders bei Fohlen, starke Schäden im gesamten Organismus des Tieres gesetzt werden.

Hier ist es dann besonders wichtig, das Milieu im Darmkanal soweit zu sanieren, dass Endoparasiten keine Lebensmöglichkeiten mehr haben. Es geht hier aber nicht vordergründig um das Abtöten der Endoparasiten, sondern darum, ihnen die Lebensgrundlage zu entziehen.

So wird auch dem Tier eine fortwährende Belastung durch die üblichen Wurmkuren und die Endoparasiten erspart. Außerdem wird durch die homöopathische Darmsanierung die Leistungsfähigkeit des Tieres und das Allgemeinbefinden deutlich gebessert. Chronische Kolikpferde, bei denen man die Koliken auf Wurmbefall oder häufige Wurmkuren zurückführen kann, können homöopathisch geheilt werden.

Bei der homöopathischen Entwurmung sind drei Aspekte zu beachten:

1. Die allgemeine Konstitutionsbehandlung, die den Gesamtorganismus durch die Gabe des individuell notwendigen Mittels stabilisieren soll.

2. Ernährung: Hier hat sich seit altersher eine Karottenkur bewährt. Anfälligen Tieren werden 2mal jährlich Mohrrüben zugefüttert. Im Frühjahr und Herbst, bevor die Weide- und Stallperiode beginnen, wird z. B. Pferden täglich für 3 Wochen 2,5 kg Karotten zugefüttert. Dabei ist darauf zu achten, dass sie sand- und schimmelfrei sind (Gefahr von Sandkoliken). Außerdem sollte den Pferden möglichst das ganze Jahr immer wieder eine Handvoll Karotten angeboten werden. Bei Hunden und Katzen werden geriebene rohe Karotten unter das Futter gemischt. Bei Kleintieren sollte der Karottenanteil mindestens ca. 1/3 der Futterration ausmachen.

3. Wurmspezifische homöopathische Mittel: das wichtigste und bewährteste Mittel ist Abrotanum (Artemesia-abrotanum / Eberraute), das eine sehr starke Milieuumstimmende Wirkung auf den ganzen Verdauungstrakt hat. Wobei die erste Wirkung immer auf den Dickdarm zu beobachten ist, da als erstes die Oxyuren abgehen. In der Regel kommt es zu einem massenhaften Abgang der Würmer. Besonders gut wirkt es auf Spul- und Fadenwürmer, aber auch auf alle anderen Darmparasiten wie Amöben und Lamblien. Es hat sich bei allen Tieren gleichermaßen gut bewährt. Bei Pferden besteht eine erhöhte Kolikneigung durch Würmer, die tödlich enden kann. Auch andere Haustiere können durch Wurmbefall verenden. Abrotanum stabilisiert über die Darmflora die Darmwände, so dass sich die Würmer weder in der Darmwand festsetzen, noch sie durchbohren können.

Behandlung

Grundsätzlich ist es von Vorteil eine Wurmbehandlung zu Vollmond zu beginnen.

Kleintiere (Katzen, Hunde, Igel, etc.)

3 x täglich 3 Tropfen Abrotanum D1 über 2 - 3 Wochen. Appliziert wird über eine Pipette in den Mund. Das Mittel kann mit Wasser verdünnt oder auch direkt auf etwas leckeres Futter getropft werden.

Große Hunde, Schafe, Ziegen

10 Tropfen Abrotanum D1 3 x täglich, 3 Wochen lang

Großtiere (Pferde, Kühe, etc.)

10 - 20 Tropfen Abrotanum D1, 3 x täglich 2 - 3 Wochen.

Bei Pferden ist es empfehlenswert das mit Wasser verdünnte Mittel mit einer Pflanzensprühflasche direkt ins Maul zu sprühen. Man fasst seitlich mit 3 Fingern ins Maul, zieht die Zunge seitlich heraus und sprüht hinein.

In der Regel ist um den 3. oder 4. Einnahmetag spontaner Wurmabgang zu beobachten. Um die Milieusanierung zu gewährleisten und um sicher zu gehen, dass nicht Wurmreste und –eier zurückbleiben, sollte man das Mittel 2 - 3 Wochen weitergeben. Auf peinliche Sauberkeit achten, so dass Würmer, Wurmeier usw. nicht verschleppt werden.

Fallbeschreibungen:

1. Pferde: Bei einem Bestand von 12 Pferden - Vollblut, Haflinger und Pony - waren 3 Pferde nach Kotuntersuchungen positiv mit Spulwürmern. Es wurde eine einmalige Wurmkur mit Abrotanum durchgeführt. Nach 4 Tagen kam es zum Spontanabgang der Würmer. Abrotanum wurde zur Sanierung des Milieus weitere 2 Wochen gegeben. Zusätzlich wurde über einen Zeitraum von 3 Wochen 2 1/2 kg Karotten zum normalen Futter gegeben. Das Futter bestand aus 2 Stunden Weidegang, 4 kg Hafer und 7 kg Heu pro Pferd.

In einem Zeitraum von über 3 Jahren wurde dieser Pferdebestand 2 x jährlich jeweils nach der Karottendiät durch Kotuntersuchungen auf Würmer hin kontrolliert. Bis heute sind keine Würmer mehr aufgetreten. Erwähnenswert ist bei diesem Pferdebestand allerdings, dass die Tiere rein homöopathisch behandelt werden, und somit die Widerstandskraft von vornherein wesentlich größer ist als bei allopathisch behandelten Pferden.

2. Igel: Im Herbst 1991 wurden 6 total verwurmte (Madenwürmer) Igel einer Abrotanum Kur unterzogen. 2 Wochen lang, 2 x täglich 3 Tropfen ins Trinkfläschchen. Dazu geriebene Karotten mit Hackfleisch (1 : 1) gegeben. Vor dem Winterschlaf wurde als Gegenprobe die 2. Stuhluntersuchung vorgenommen, welche negativ ausfiel. Im Herbst 1992 Wurmkur mit 5 Igeln. Erfolg wie oben.

3. Hund: Spulwurmbefall durch Kotprobe nachgewiesen. Ernährungsumstellung, drei Viertel der täglichen Mahlzeiten vegetarisch, d.h. bes. hoher geriebener Karottenanteil und andere Gemüse, teils roh, teils gedünstet, ein viertel Fleischanteil, wobei auf Schweinefleisch gänzlich verzichtet wurde. Am 3. Tag der Abrotanum Kur spontaner Massenabgang von Würmern. Nach 3 Wochen Kontrolluntersuchung mit negativem Ergebnis. Der Hund hatte die Ernährungsumstellung sehr gut angenommen. “

Gelenksgallen - Schwellungen der Gelenkkapseln (Bursitis)

"Diese Entzündung der Gelenkkapseln -schleimhäute (Bursitis) ist bei Pferden sehr häufig anzutreffen. Es handelt sich um ödematöse Schwellungen, besonders in Fessel- und Sprunggelenksbereich. Diese treten oft nach Überanstrengung, nach längerem Reiten, Arbeit auf harten Böden, oder nach langen Standzeiten auf. Dann sind besonders die Fesselgelenke angelaufen. Ältere Tiere, wie auch zu früh in Arbeit genommene, oder zu früh angerittene Pferde sind dafür prädisponiert.

Anfangs sind Gallen weich und schwellen bei Bewegung des Tieres leicht wieder ab. Durch fortgesetzte Bewegung wird die vermehrte Ansammlung von Gelenksflüssigkeit leichter resorbiert. Allerdings haben Gallen tendenziell die Eigenschaft chronisch zu werden. In der Regel bleiben die Tiere selbst bei chronischen Fesselgelenksgallen, welche nicht durch Verletzung entstanden, voll gebrauchsfähig. Gallen können auch durch Verletzungen entstehen. Die durch Verletzung, Überdehnung der Sehnen- und scheiden, oder Zerrung des Gelenks verursachten Gallen, werden, je nach dem betroffenem Gelenkarreal auch Piephacke, Kurbe oder Hasenhacke genannt. Gallen am vorderen Teil des Sprunggelenks (Tarsalgelenk) heißen Kreuzgallen. Das Pferd geht, je nach Schweregrad "fühlig", auf den Zehen, lahmt und hebt die Ferse an. Nach dem entzündlichen Anfangsstadium kann die Galle in ein chronisches Stadium übertreten, wo es in der Umgebung zu Vernarbungen kommen kann. Diese Vernarbungen können immer wieder Ursache für Entzündungen im Gelenksbereich, oder Sehnenproblemen sein. In solchen Fällen ist es nötig das chronische Stadium wieder in ein akutes, entzündliches zurückzuführen, damit überhaupt mit Aussicht auf Erfolg therapiert werden kann. Chronische Gallen fühlen sich faserig-derb an und sind nicht mehr so leicht eindrückbar wie akute.

Selten kommt es bei chronischen Gallen zu Schmerzreaktionen bei Pferden.

Piephacke, Kurbe oder Hasenhacke können auch durch Überdehnung oder Zerrung des Gelenks verursacht werden.

Bei Diagnose und Behandlung ist die Bewegungsmodalität von entscheidender Bedeutung: bessert langsame fortgesetzte Bewegung?, oder bessert Ruhe? In den meisten Fällen bessert Bewegung, doch wenn Ruhe bessert kann meist nicht auf Bryonia-alba als Heilmittel verzichtet werden.

Bei verletzungsbedingten Gallen ist immer auch nach äußeren Verletzungen, selbst kleinsten Hautverletzungen zu fahnden, auch um eine eventuelle Brucellose (Gonitis), oder andere Infektionsmöglichkeiten auszuschließen. Sind äußere Verletzungen auffindbar, so sind diese mit Echinacea- Urtinktur 1:5 mit Aquades verdünnt zu reinigen und mit Calendula-Salbe abzudecken, größere entsprechend zu versorgen.

In solchen Fällen gebe ich immer 1 Doppelgabe Ledum-palustre C 200 (Doppelgabe heißt 5 Globuli oder Tropfen im Abstand von 15 Minuten wiederholt). Doppelgaben wirken nach meiner Erfahrung sicherer, und vor allem sanfter als Einzelgaben. Ledum ist eine ausgezeichnete Tetanus-Prophylaxe.

Bei nicht nicht auszuschließender Brucellose-Gefahr setze ich die Bang-Nosode D 200 (Brucella-abortus-Nosode, nur von Stauffen-Pharma als D-Potenz lieferbar). Verdacht auf Brucellose besteht: wenn die betroffenen Gliedmaßen deutlich wärmer als die umliegenden Gebiete sind,oder wenn die Lymphbahnen und -knoten deutlich fühlbar werden, oder wenn das Pferd erhöhte Temperatur bis 38.5°C hat (Normaltemperatur 37.5°C)oder wenn äußere Wunden zu sehen sind, sowie kleinste Hautverletzungen.

Es sollten 3 Gaben zu je 5-10 Tropfen oder Globuli Bang-Nosode D 200 im Abstand von 24 Stunden gegeben werden.

Die Bang-Nosode, wie auch Ledum gebe ich immer zusätzlich zu den anderen in Betracht kommenden Mitteln.

Homöopathische Behandlung

Arnica C 30 oder C 200

nach Verletzungen, Erschütterungen oder Überanstrengungen

Hitze, Schmerz und Lahmheit

2 Doppelgaben, morgens und abends eine, 1 Tag lang

Apis C 30

bei Schleimbeutelentzündungen oder –schwellungen, hemmt die Entzündung, genügt oft als einziges Mittel um die Schwellung wegzubringen

4 x täglich eine Gabe, 3 Tage lang

Bryonia C 30

Entzündung mit Berührungsempfindlichkeit

Bewegung verschlechtert, fester Druck bessert, Ruhe bessert

4 x täglich eine Gabe, 3 Tage lang

Rhus-toxicodendron C 1000

bei Besserung durch Bewegung, Wärme

akute Entzündung, die sich auf Bänder, Sehnen und scheiden erstreckt

schlechter durch Feuchtigkeit, Kälte und Ruhe

1 x täglich eine Gabe, 5 Tage lang

Rhododendron C 30

wie bei Rhus-toxicodendron, jedoch bessert Bewegung nicht so deutlich

ähnlich wie Rhus-toxicodendron schlechte durch Feuchtigkeit und Kälte

besonders auffallend schlechter bci Wetterwechsel oder Gewitter

2 x täglich eine Gabe, 5 Tage lang

Ruta C 200

bei Verletzung der Knochenhaut

verhindert die Bildung von Exostosen (Knochengeschwulsten)

2 x täglich eine Gabe, 5 Tage lang

Kalium-bichromicum C 30

bei länger bestehenden Schwellungen

unter Umständen schon chronisch gewordene Gallen

und sich derb anfühlende Gallen

wenn Apis nur unzureichend hilft

1 x täglich eine Gabe, 10 bis 18 Tage lang

Silicea C 200

bei eindeutig chronischen Gallen

wenn sie sich narbig anfühlen,

wenn klare bis eitrige Flüssigkeit heraussickert

1 x täglich eine Gabe, 7 Tage lang

Strontium-carbonicum C 200

bei schon länger bestehenden ödematösen Verstauchungen oder -verrenkungen der Sprunggelenke

1 x täglich eine Gabe, 5 Tage lang

Sind die Gallen durch Verletzungen ausgelöst, ohne dass die Haut offen verletzt ist, wird eine Mischung aus Arnica- und Ruta Urtinktur 1:1 hergestellt, 1:10 mit Wasser verdünnt und 2 x täglich leicht eingerieben. Waren Überdehnung oder Überanstrengung auslösend, dann verwende ich ein Liniment aus Ruta - und Rhus-tox. Urtinktur 1:1 gemischt und 1:10 verdünnt in gleicher Weise.

Es ist durchaus möglich zwei Mittel parallel innerlich zu geben, weil bei Verletzungen und als Folge von Überanstrengung in der Regel mehrere Gewebe beschädigt sind.

Insofern sind oft durchaus zwei Totalitäten gleichzeitig zu erkennen. Natürlich achte ich dabei streng die homöopathischen Gesetzmäßigkeiten.

Zusätzliche Therapie

Kneippsche Güsse haben sich bei chronischen Gallen bestens bewährt. Sie müssen jedoch mindestens sechs Wochen 2 x täglich durchgeführt werden. Mit einem weichen, kalten Wasserstrahl werden alle vier Seiten der Extremität von unten nach oben und wieder runter jeweils 3 x angegossen. Hierfür eignet sich am besten eine Gießkanne ohne Tülle. Bei Störungen des Allgemeinbefindens wie Fieber usw., oder bei heiß entzündlichen Gallen muss von Kneippschen Güssen unbedingt abgesehen werden.

Fall aus der Praxis

Fuchswallach, Hannoveraner, geb. 05/1982

1. Ordination 10.05.2005 wg. schwerer Lahmheit hinten rechts

Fesselbereich hinten rechts stark verdickt, Sehnenbereich bogenförmig zu beiden Seiten vortretend. Offensichtlich alte Galle in der fibrinonöses Gewebe eingewachsen ist, da sich derb und fest anfühlend, keine Wärme, reizlos auf Druck. Setzt Zehe auf. Weitere Untersuchung o.B. Das sei so allmählich entstanden, seit 1 Woche ginge er zusehends lahm. Außer, dass er vor zwei Jahren aus der Arbeit genommen wurde, weil er dauernd Gallen hatte, konnte weiter zur Vorgeschichte nichts ermittelt werden. Es handelt sich um ein älteres Pferd, das früher im Springsport war.

Verordnung:

Silicea C 200
jeden 2. Tag 1 Gabe (7 Glob.) über 2 Wochen

2. Ordination 25.05.2005

Bereits nach der 2. Gabe wurde die Lahmheit allmählich besser, versuchte wieder unterzutreten. Ging jetzt nur noch etwas fühlig. Die Schwellung war leicht kleiner und in den Randbereichen nun eindrückbar.

Verordnung:

Silicea C 200
weitere 2 Wochen, jeden 2. Tag 1 Gabe

3.Ordination 10.06.2005

Geht jetzt wieder völlig klar, trabt auch auf der Koppel mit anderen Pferden. Schwellung weiter kleiner, ca. die ½ der ursprünglichen Größe, Randbereiche weich und eindrückbar, zentral nicht mehr so hart und derb. Allerdings würden die Hufe jetzt schneller wachsen, Zyklus zum Ausschneiden früher 8 – 9 Wochen, jetzt hätten die Hufe nach 6 Wochen ausgeschnitten werden müssen. Seien auch fester als früher (Aussage Schmied).

Verordnung:

Silicea C 200
jeden 4. Tag 1 Gabe, weitere 4 Wochen

4. Ordination 15.07.2005

Schwellung ist nun völlig weg, außer wenn er morgens aus der Box kommt leichte Ansammlung von Gallenflüssigkeit über dem Fesselgelenk, die aber nach etwas Bewegung verschwindet. – Dies hat er aber an den anderen Beinen auch schon seit Jahren (typische Erscheinung für Pferde, welche in ihrer Jugend zu früh oder zu stark gearbeitet wurden). Allerdings sei dies insgesamt nicht mehr so schlimm wie es früher immer war. Galloppiert jetzt auch hier und da spontan wieder.

Die Hufe seien fester, Hufwachstum hätte sich augenscheinlich nicht weiter beschleunigt. Das Fell sei jedoch glänzender geworden.
Verordnung

Kein Mittel, nur beobachten

Das Pferd lebt noch, es geht ihm auf dem Altenteil sehr gut und es ist kein Rezidiv aufgetreten.

Fall aus der Praxis

Schimmelwallach, edles Warmblut (Neustadt/Dosse), geb. 09/1993

1. Ordination 08.04.2004 wg. Husten

Husten in den Übergangsjahreszeiten seit er in diesem Stall ist, d. h. seit 6 Jahren.
Anfallsweise, Tag und Nacht, oder wenn er Heu bekommt. Bekommt deshalb nur noch angefeuchtetes Heu. Nimmt keinen Salz-/Mineralleckstein, relativ durstlos nachts, nur ca. 5 l Wasser (in Box ist Wassereimer zu kontrollieren, tagsüber auf der Weide nicht). Fell etwas stumpf, Hautfaltenprobe verzögert (Hautfalte am Hals mit Fingern aufnehmen, sehen wie lange Hautfalte braucht um glatt zu werden). Schleimhäute, Augen, Maul, Nase, After etwas sehr blass. Sonst o.B. Steht auf Weide, wenn er Husten hat, immer etwas abseits von den anderen Pferden. Bei dem vorherigen Halten ging es ihm wohl nicht gut, stand dort ganzjährig auf Weide, Unterstand aus Europaletten und Plane darüber, kleine, versumpfte Koppel, schimmliges Heu.

Hier lebt er dagegen gut, nachts große, saubere, zugfreie Box, mit anderen Pferden tagsüber auf der Weide. Ausreichend Heu, 2 x täglich Kraftfutter (je 2 Scheffel Quetschhafer) und Mohrrüben. Muss nur mäßig arbeiten, da Pferd der Hofbesitzer für ihren jugendlichen Sohn. Vom Wesen her eigentlich gutmütig, nur den Knecht und Fremde mag er nicht, legt die Ohren an, weicht aus, oder wenn er das nicht kann, z. B. in der Box, wird er unruhig. Verhält sich dann so, als ob er mal Prügel bekommen hätte. Sehr sensibel unter dem Sattel, verträgt keine ungeübten Reiter, wird dann sofort hart im Kreuz, schöne, ausgeprägte Gänge.

Verordnung:

Natrium-muriaticum LM 30
täglich abends 7 Tropfen in Trinkwasser, 4 Wochen

2. Ordination 14.05.2004

Husten war nach ca. 1 ½ Wochen weg, sonst hat er immer bis Juni/Juli gebraucht und im September wieder angefangen zu husten. Trinkt jetzt auch normal in der Box, ca. 10 – 13 l Fell ist deutlich glänzender geworden, auch ging der Fellwechsel diesmal viel besser und zügiger vonstatten. Nimmt jetzt auch etwas Mineralleckstein. Verhält sich in Herde jetzt wie Rangerster. Hat Nat-m. bis vor 1 Woche bekommen.

Verordnung:

Versuchen trockenes Heu zu füttern und abwarten was passiert, kein weiteres Mittel

3. Ordination tel. 21.05.2004

Verträgt jetzt auch trockenes Heu.
keine weitere Verordnung

4. Ordination 22.11.2004

wg. Lahmheit u. angelaufener Beine

Alle 4 Beine im Fesselbereich stark angelaufen (ödematöse Schwellung), druckdolent, hinten wesentlich stärker als vorne, geht stocklahm, mag sich nicht bewegen, hat offensichtlich Schmerzen.
Die Beine sind extrem kalt, sonstiger Körper hat aber Normaltemperatur. Zittert, Besitzer hat ihn deshalb eingedeckt ohne Besserung. Das sei seit 3 Tagen so, nachdem es feucht/kalt geworden sei. Dabei fiel ihm ein, dass er damals das Pferd in einem ähnlichen Zustand beim Vorbesitzer abgeholt hat, es bis zum Frühjahr damals gedauert hätte, bis das besser geworden sei, er damals x-mal den Tierarzt da hatte, der hätte dann immer was gespritzt. Im Frühjahr seien die Beine dann besser geworden, das Pferd hätte auch nicht mehr gezittert, dann wäre aber der Husten da gewesen und die „Heuallergie“. Doch diesen Herbst hätte das Pferd erstmals nicht gehustet und auch das trockene Heu vertragen, könnte sich gar nicht erklären, wieso das Pferd jetzt diese Sache hätte.

Verordnung:

Natrium-muriaticum XM (10.000)

1 Gabe, 1 Woche abwarten.
Beine warm einwickeln, Brennesselheu zur Anregung der Nierentätigkeit zufüttern

5. Ordination 29.11.2004

Schwellungen der Beine deutlich besser, hintere Extremitäten aber nur mäßig abgeschwollen, aber nicht mehr druckdolent. Beine wieder normal temperiert. Lahmheit ist deutlich zurückgegangen, doch nicht ganz weg. Pferd sei richtig „wild" auf Brennesselheu. Seit 2 Tagen würden sich die Schwellungen aber nicht weiter verändern, so wie Stillstand.

Verordnung:

Natrium-muriaticum XM (10.000)
1 Gabe wiederholt, 1 Woche abwarten
weiter Brennesselheu

6. Ordination 06.12.2004

Schwellungen an Vorderbeinen völlig weg, an Hinterbeinen aber immer noch ein Rest über den Fesselgelenken, so wie Gallen, links stärker als rechts, nicht druck-/beugedolent (DD Apis), aber etwas Temperatur darin. Vorderbeine Sehnen klar, tritt ohne Probleme durch. Hinterbeine leichte Lahmheit links, rechts eher fühlig, kann aber beiderseits durchtreten wenn er muss (Probe durch Anheben eines Beines). Allgemein sei er auch zutraulicher, weniger schreckhaft.

Verordnung:

Kalium-bichromicum C 12
täglich 1 Gabe, 1 Woche, weiter Brennesselheu

7. Ordination 14.12.2004

Lahmheit ist völlig weg, Sehnen der hinteren Beine völlig klar. Fesselgelenke sind normal.

keine weitere Verordnung
Der Schimmelwallach hat weiter keinerlei Probleme mehr gehabt.

Printed by Books on Demand GmbH, Norderstedt / Germany